MW00882177

TRANSFORMANDO SUEÑOS EN VENTAS
Estrategias para emprender

TRANSFORMANDO SUEÑOS EN VENTAS
Estrategias para emprender

Valentina Apraez

 SEQUOIA

Transformando sueños en ventas. Estrategias para aprender
Valentina Apraez

Sobre la presente edición:
© Valentina Apraez, 2024
© Sequoia Editions

Edición: Odalys Calderín Marín
Diseño de cubierta e ilustraciones: Yander Águila Fernández
Diseño interior y maquetación: Eduardo Rodríguez Martínez

Todos los derechos reservados.
Queda rigurosamente prohibida, sin autorización escrita
de los titulares del copyright,
la reproducción total o parcial de esta obra.

email: publicatulibro@sequoiaeditions.com

@sequoiaeditions

Sequoia Editions

Índice

Dedicatoria / 7

Agradecimiento / 9

Palabras al lector / 11

Capítulo I El inicio / 19

Capítulo II Inicios de TikTok / 27

Capitulo III El video viral / 33

Capítulo IV Las tiendas en línea. Mi primera expansión
en tienda / 40

Capítulo V De Cali a Miami / 44

Capítulo VI Lecciones y consejos aprendidos en un Sueño
hecho Tienda / 51

Capítulo VII Organización y optimización del espacio
físico / 57

Capítulo VIII Los envíos / 63

Capítulo IX Proveedores / 70

Capítulo X Tienda virtual. Creación y gestión de una tienda online efectiva / 75

Capítulo XI Fraudes / 84

Capítulo XII Servicios al cliente / 87

Epílogo / 90

Glosario de términos / 93

DEDICATORIA

Este libro está dedicado a la Valentina de hace cinco años, esa joven que aún no sabía qué hacer con su vida, que tenía miedo y se sentía frustrada. A ella, que a pesar de todas las dudas, siguió adelante y encontró su camino.

A todas las personas, hombres y mujeres, que se sienten igual y que quieren emprender, no solo un negocio, sino cualquier sueño o proyecto que tengan en mente. Que este libro les llene de ánimo y fuerza para perseguir sus metas, sin importar los obstáculos.

AGRADECIMIENTOS

Primero, quiero agradecer a Dios por las oportunidades tan bonitas que me ha dado, por iluminar mi camino y enviarme las señales para iniciar esta aventura.

A mis padres, quienes siempre han estado a mi lado apoyándome en cada paso, y a mi hermanito, por su amor incondicional.

A mis mejores amigas, una de ellas mi primera clienta, y la otra, que me ayudó a dar forma a este emprendimiento, creando el logo y dándome su apoyo constante. Aún hoy sigue trabajando conmigo y no tengo palabras para agradecerle todo lo que ha hecho.

A mi esposo, Andrés, quien fue una pieza clave en este proceso. Aunque el emprendimiento comenzó en Colombia, fue aquí, en Estados Unidos, donde él creyó en mí y me animó a seguir adelante. Su apoyo incondicional desde cero me permitió continuar con esta aventura, y por eso, siempre estaré agradecida.

A todas las personas que han estado a mi lado en TikTok desde el principio, y a todas mis seguidoras, a quienes cariñosamente llamo "mis niñas". Ustedes, que se conectan día a día a los en vivos, me apoyan, comentan y comparten este sueño conmigo. A mis moderadoras, quienes me ayudan a mantener la energía positiva en cada trasmisión, muchas gracias.

A la editorial Sequoia Editions, y a Odalys Calderín especialmente, por su trabajo como editora, creer en mi historia y ayudarme en esta etapa tan importante de mi vida. Publicar un libro es un sueño para muchas personas, y también lo es para mí. Muchísimas gracias de corazón.

Finalmente, a todos los que me siguen en TikTok y en redes sociales. Gracias a ustedes, mis seguidores y clientes, este proyecto ha sido posible. Este libro también es parte de ustedes.

PALABRAS AL LECTOR

Hola *sweetie*, soy Valentina Aprarez, fundadora de **Sweet Spring Store**, un negocio con más de 4 años de trayectoria. Comencé mi emprendimiento en Colombia y posteriormente expandí operaciones a Estados Unidos, donde he experimentado un crecimiento significativo.

En la actualidad, gestiono ventas al por mayor y al detal a nivel internacional. Me apasiona el arte de vender y me motiva inspirar a otros a hacer lo mismo.

Desde pequeña soñaba con tener mi propio negocio. A pesar de las barreras y las dificultades económicas familiares, comencé a vender dulces en la universidad. Después de algunos errores iniciales, decidí especializarme en productos de belleza virales que tuvieron éxito durante la pandemia.

Utilicé TikTok para promocionar mi mercancía y experimenté mi primer éxito viral en redes, aunque enfrenté retos logísticos y sociales. A pesar de todo, el apoyo de mi familia y la perseverancia, me han llevado a ampliar mi negocio más allá de mi ciudad natal, demostrando que estoy en el camino correcto.

11

Este libro no es solo una historia de éxito, sino una prueba de que tú eres el dueño de tu destino. Siempre he sentido en mi ser una pasión ardiente por las ventas, pero los desafíos económicos y personales de mi vida me enseñaron algo aún más valioso: cuando tienes claro tu propósito, ningún obstáculo puede detenerte.

No fue fácil, lo admito. Hubo momentos en los que aprecié que el camino era demasiado cuesta arriba, pero descubrí que con sacrificio, perseverancia y, sobre todo, una fe inquebrantable en mis sueños, se puede lograr cualquier cosa. TikTok y las redes sociales me dieron las herramientas, pero fue mi determinación lo que me llevó a transformar una pequeña idea en un negocio que hoy ha cruzado fronteras.

Tú también puedes hacerlo. No importa cuán complicado sea el panorama, si te propones luchar por lo que amas, el éxito estará al alcance de tus manos.

No permitas que el miedo, las dudas o las circunstancias te frenen. Eres capaz de escribir tu propia historia, de transformar tus sueños en realidades y de ser el arquitecto de tu vida.

Te invito a creer en ti, a no rendirte y a recordar siempre que, aunque el camino sea difícil, los frutos del esfuerzo valen cada paso. ¡Tú puedes lograrlo, porque el destino lo construyes tú mismo!

¿Quieres adentrarte al emocionante mundo del emprendimiento en Estados Unidos? Aquí, la tierra de las oportunidades, donde los sueños se hacen realidad y la creatividad es la clave del éxito.

Te ofrezco solo algunas referencias y te invito a que luego, si tú ambicionas abrir tu propio negocio y no te has decidido, investigues, quizás te proporcione el impulso para no continuar detenido y considerar que el universo y tus ganas pueden proporcionarte un mundo nuevo.

Estados Unidos es conocido como "la tierra de las oportunidades" debido a su economía diversa y flexible que ha atraído a millones de personas de todo el mundo en busca de mejores condiciones de vida y crecimiento económico. Históricamente, el país ha ofrecido un entorno favorable para el emprendimiento, la innovación y el acceso a mercados amplios, lo que ha permitido que individuos con iniciativa y esfuerzo puedan prosperar, sin importar su origen.

Durante la pandemia del 2020, el comercio en línea experimentó un auge sin precedentes. Con las restricciones impuestas muchos negocios físicos se vieron forzados a cerrar, lo que llevó a emprendedores, especialmente a personas foráneas de pocos años, a reinventarse en el mundo digital. Las ventas en línea crecieron un 32 % en 2020, con más de 791 mil millones de dólares generados, según informes del U.S., Department of Commerce. Plataformas como TikTok, Shopify y Amazon ofrecieron oportunidades para que pequeños emprendedores, muchos de ellos inmigrantes, lanzaran negocios desde cero, aprovechando la conectividad global para llegar a clientes en todo el mundo.

Este contexto permitió a muchas personas, especialmente jóvenes inmigrantes, no solo sobrevivir a la crisis, sino también prosperar. Aprovecharon su creatividad, adaptabilidad y el deseo de mejorar sus vidas para crecer en un país donde las oportunidades digitales les permitieron derribar barreras.

En estas páginas, me propongo acompañarte a resolver o aclarar varias preguntas que yo una vez me hice y que ahora tú también te las debes estar haciendo, preguntas que en su momento fueron muy necesarias sobre temas vitales que me ayudaron a iniciar, mantener y crecer este emprendimiento de forma práctica y eficiente.

Cuando inicié mi camino en los negocios, tenía miles de interrogantes. No poseía todas las respuestas y, como muchos jóvenes, me enfrenté al miedo de no saber por dónde empezar. Esa incertidumbre, sin embargo, se convirtió en el motor que me impulsó a buscar, aprender y lanzarme a la aventura de emprender. Hoy mi deseo es ayudar a otros jóvenes que, como yo, están llenos de sueños, pero, también de dudas, porque sé lo difícil que es dar el primer paso sin experiencia previa.

Algunas de estas preguntas susurraban en mi mente en mis inicios:

1. ¿Cómo sé si mi idea es posible?
2. ¿Cómo encuentro a mis primeros clientes?
3. ¿Qué plataforma o medio es el mejor para lanzar mi producto o servicio?
4. ¿Necesito invertir mucho dinero para empezar?
5. ¿Cómo manejar el miedo al fracaso?
6. ¿Qué pasa si no vendo lo suficiente al principio?
7. ¿Cómo diferencio mi negocio de los demás?
8. ¿Cómo administrar el tiempo entre mis estudios, trabajo y el negocio?
9. ¿Debería buscar un mentor o aprender por mi cuenta?

10. ¿Cuáles son las mejores estrategias para crecer en redes sociales?

11. ¿Cuándo debo formalizar legalmente mi negocio?

Estas preguntas son comunes y normales al iniciar cualquier emprendimiento. Mi misión con esta publicación es ayudarte a que encuentres algunas de las respuestas, basándome en mi experiencia, para que puedas encontrar tu propio camino y éxito. Si pude superar esas dudas, estoy convencida de que tú también puedes hacerlo.

Desde la idea de crear tu propio negocio, conocer las plataformas, qué es un cliente, quiénes son los proveedores, cómo esquivar fraudes u otras situaciones inesperadas... abordaremos cada tema de manera dinámica y con conocimiento práctico. Es una guía desde mis vivencias para que superes todos los escollos de los inicios que yo ya pasé.

Aquí te regalo algunas frases de emprendedores famosos sobre los inicios en sus negocios:

Lo que realmente importa no es la idea, sino cómo la haces realidad.

Jack Ma, fundador de Alibaba, quien inició su carrera vendiendo en línea, destaca la importancia de la ejecución sobre la idea misma

El riesgo más grande es no tomar ninguno. En un mundo que cambia muy rápido, la única estrategia

que está garantizada para fracasar es no tomar riesgos.

Mark Zuckerberg, cofundador de Facebook, alienta a los emprendedores a no temer tomar decisiones audaces, incluso en los inicios.

No tienes que ser un genio, un visionario o siquiera graduado para tener éxito. Solo necesitas un marco y un sueño.

Michael Dell, fundador de Dell Technologies. Esta frase muestra que para iniciar un negocio en línea lo imprescindible es la visión y el trabajo duro.

El fracaso es otra palabra para aprender.

Nick Woodman, fundador de GoPro. Emprender en línea puede implicar fracasos, pero Woodman resalta que estos son solo parte del proceso de aprendizaje.

Comienza donde estás, usa lo que tienes, haz lo que puedas.

Arthur Ashe, tenista y emprendedor.

Aunque no es específicamente del mundo digital, esta frase refleja perfectamente el inicio de muchos emprendedores jóvenes que, sin recursos iniciales, lograron construir grandes negocios en línea.

Estos pensamientos reflejan la importancia de la acción, el riesgo calculado y el aprendizaje continuo en el mundo del emprendimiento.

Estoy segura de que si tienes tu sueño visualizado y estás en la puerta del camino, échate tu mochila al hombro, llénate de buena vibra, no esperes a mañana o cuando lo tenga todo para comenzar, hoy puede ser tu gran día...

Con amor,
Vale

Capítulo I

EL INICIO

Cali, la ciudad donde nací, la de los cielos eternamente azules, donde las montañas verdes parecen abrazar cada rincón, es más que un lugar, es un espíritu vivo.

Sus calles siempre vibran con el ritmo de la salsa, mientras los atardeceres tiñen el horizonte de tonos dorados y rosados.

Las brisas son cálidas y descienden desde los cerros llevando consigo el aroma de los mangos y el café recién tostado, envolviendo a sus habitantes en una sensación de hogar. En nuestros barrios humildes las casas son modestas pero llenas de vida. Crecí llena de sueños, entre risas familiares y retos económicos. Aunque los ingresos no eran extraordinarios, nunca faltó la calidez de un abrazo ni la esperanza.

Aprendí a valorar lo esencial: el amor por la familia y la fortaleza que te brinda la tierra donde se nace.

Cali es una ciudad que enseña a luchar, a levantarse con el mismo orgullo con el que el sol ilumina cada mañana. Entre sus calles, hoy menos coloridas, con mercados bulliciosos y gente que siempre tiene una sonrisa para compartir, encontré mi identidad y también creció en mí la semilla de un futuro como emprendedora.

Fue en esa Cali donde empecé a forjarme el camino que me llevaría más allá de mis propios límites. Y deseo contarte cómo intenté mi emprendimiento para que puedas identificarte y encontrar las similitudes necesarias para iniciar el tuyo.

Desde que era pequeña, quise tener mi propio negocio. Me inicié vendiendo dulces, crispetas, manillas y cosas similares. Siempre me gustó hacerlo, aunque no tenía idea de cómo. Al crecer, todavía tenía ese sueño, pero sentía barreras impuestas por la sociedad sobre el camino correcto a seguir, como ir a la universidad o tener mucho dinero. Crecí en una familia que, gracias a Dios, me dio todo lo necesario para vivir bien, pero había ciertas cosas que no podíamos permitirnos económicamente. Por esa razón, cuando empecé la universidad, mi mamá tuvo que endeudarse para pagar el primer año.

Una de las cosas que me gusta hacer es aprovechar al máximo las oportunidades. Empecé vendiendo, como te dije anteriormente, dulces en la universidad y, con el tiempo, amplié mis ingresos para hacer mi primera inversión en productos de maquillaje. En ese momento, tuve el apoyo de una amiga que también quería emprender. Cada una puso 250 000 pesos colombianos (aproximadamente 50 dólares).

Comenzamos con mucha emoción y grandes expectativas, pero también con inexperiencia y falta de conocimiento, lo que nos llevó a cometer algunos errores. Compramos mercancía que no era fácil de vender, pues requería que las personas la vieran y probaran, pero como solo vendíamos en línea, no era posible y nadie se interesaba en comprar.

Debido a esto y a otras circunstancias, decidimos separarnos y cada una siguió su camino. Yo continué con el emprendimiento, pero con otro enfoque.

LOS PULPOS DE LA SUERTE

La pandemia de COVID-19 fue un evento sin precedentes que sacudió al mundo entero desde finales de 2019. El virus se propagó rápidamente, obligando a gobiernos a imponer cuarentenas y restricciones estrictas que paralizaron la vida cotidiana y el funcionamiento de las economías.

A lo largo del 2020 y 2021, se registraron más de 6 millones de muertes a nivel global y millones más lucharon con las secuelas físicas y psicológicas del virus.

La incertidumbre, el miedo y la sobrecarga de los sistemas de salud afectaron gravemente tanto a la población como a los profesionales médicos, mientras las interacciones humanas quedaron reducidas a la distancia.

Sin embargo, este período también marcó un punto de inflexión en muchos aspectos de la vida.

Recuerdo que la cuarentena, el aislamiento y la necesidad de adaptarse a un nuevo entorno llevaron a las personas a buscar soluciones creativas para sobrevivir y prosperar.

Con el cierre de tiendas físicas y la imposibilidad de socializar en persona, las redes sociales y el comercio electrónico se convirtieron en herramientas cruciales. Plataformas como TikTok, Instagram y otras no solo fueron vías para entretenerse durante el confinamiento, sino que se transformaron en escenarios para el emprendimiento.

Muchas personas, obligadas por la crisis a reinventarse, descubrieron facetas emprendedoras que aún hoy, tras la pandemia, continúan explotando en un mundo cada vez más digital.

Este inesperado cambio también trajo consigo una nueva generación de emprendedores que, con ingenio y determinación, lograron convertir sus hobbies, talentos o ideas en negocios prósperos. Desde pequeñas tiendas online hasta grandes movimientos de ventas a través de redes. La pandemia demostró que, incluso en tiempos de adversidad, la capacidad humana para adaptarse y crear nuevas oportunidades no tiene límites.

En ese escenario desolador quería ofrecer algo fácil de vender y de fácil inversión, especialmente por la penosa situación que pasamos todos, las personas tenían diferentes necesidades.

Así que no me quedé con un solo producto y empecé a estar pendiente de todas las tendencias. Justo en ese momento, los pulpos reversibles se pusieron de moda.

No podíamos en el mundo ni abrazarnos ni besarnos, andábamos con aquellos incómodos tapabocas y encerrados en casa a veces sin ver a familiares y amigos. Y recuerdo en este instante *El libro de los abrazos* del escritor uruguayo Eduardo Galeano, te comparto un fragmento que capta esa sensación única del abrazo:

> *El mundo es eso: un montón de gente, un mar de fueguitos. Cada persona brilla con luz propia entre todas las demás. No hay dos fuegos iguales. Hay fuegos grandes y fuegos chicos y fuegos de todos los colores. Hay gente de fuego sereno, que ni se entera del viento, y gente de fuego loco, que llena el aire de chispas. Algunos fuegos, fuegos bobos, no alumbran ni queman; pero otros arden la vida con tantas ganas que no se puede mirarlos sin parpadear, y quien se acerca, se enciende.*[1]

[1]Eduardo Galeano, *El libro de los abrazos*.

Este texto expresa la importancia del encuentro entre seres humanos. Es una metáfora cercana al abrazo, al calor humano que compartimos al encontrarnos y reconectarnos con los demás. Y quizás por eso todo el mundo quería los pulpos reversibles que eran para abrazar, se volvieron muy populares durante la pandemia de COVID-19 por varias razones.

En primer lugar, se destacaron como un juguete simple pero efectivo para expresar emociones. Al ser reversibles, los pulpos mostraban dos caras diferentes: una feliz y una enojada o triste, lo que facilitaba la comunicación no verbal de sentimientos en un momento donde el aislamiento y el estrés emocional eran comunes. Para muchas personas, especialmente niños y adolescentes, estos juguetes ofrecían una manera lúdica de manifestar su estado de ánimo sin necesidad de hablar. Además, la popularidad de los pulpos reversibles se vio impulsada por su viralización en redes sociales, particularmente en plataformas como TikTok, donde usuarios compartían videos usándolos para ilustrar cambios de humor o situaciones cotidianas.

En un contexto de aburrimiento y ansiedad por el encierro, estos peluches se convirtieron en símbolos de expresión emocional y también en una tendencia divertida y accesible. Su simplicidad y versatilidad hicieron que fueran un regalo o producto ideal en un momento donde las compras en línea se dispararon debido a las restricciones de movilidad, y entonces le pedí a un familiar que me permitiera usar su casa para almacenar los pulpos que había conseguido para vender, ya que vivía lejos de la ciudad y era época de cuarentena lo que dificultaba el contacto con las personas. Muchos compradores llegaron a su casa para llevarse los pulpos. Este fue un suceso importante porque fue mi primer gran ingreso, que me permitió ampliar mi inventario de productos.

Increíblemente bajo aquellas condiciones adversas yo encontraba un producto que me hacía sentir que sí podía comenzar un negocio y me percaté de que en cualquier momento de la vida por muy difícil que fuera podía existir una oportunidad.

No me detuve desde aquella experiencia empecé a comprar más productos diseñados para el cuidado personal, como mascarillas faciales y productos para el cuidado de los labios. Mis amigos y familiares fueron mis primeros clientes. Como quería llegar a más clientes, empecé a publicar mi emprendimiento en el *Marketplace* de Facebook. Facebook *Marketplace* es una plataforma dentro de la red social Facebook que permite a los usuarios comprar y vender productos de manera local. Funciona como un mercado digital en el que las personas pueden publicar artículos que ya no necesitan: ropa, muebles, automóviles, propiedades, y los compradores interesados pueden contactarlos a través de la plataforma para concretar la transacción. Es similar a otras plataformas de compra y venta en línea, pero con la ventaja de estar integrada en la estructura de Facebook, lo que permite a los usuarios aprovechar su red social para hacer transacciones.

Facebook lanzó *Marketplace* en respuesta al creciente número de usuarios que ya utilizaban grupos de compraventa en la plataforma para comerciar de forma informal. Facebook vio una oportunidad de estructurar y formalizar este proceso, creando una interfaz específica para facilitar la búsqueda y publicación de productos con filtros por ubicación, precio y categoría.

Desde su lanzamiento, la plataforma ha crecido significativamente y ha ampliado sus funciones, incorporando herramientas como pagos directos y envíos, lo que la ha convertido en una opción popular para pequeñas empresas, emprendedores y usuarios individuales que buscan vender o comprar de manera sencilla y rápida. Poco a poco, a través de ella fui generando más ventas.

Hacía las entregas a domicilio con la ayuda de mi papá. Él bajaba todos los días desde los Farallones de Cali hasta la ciudad. En ese momento, seguía estudiando y trabajando duro para que este emprendimiento siguiera creciendo.

Capítulo II

INICIOS DE TikTok

Como debes saber TikTok es una de las plataformas de redes sociales más influyentes del mundo. Fue creada por la empresa china ByteDance en 2016. Inicialmente lanzada en China bajo el nombre Douyin, la aplicación fue diseñada por Zhang Yiming con el propósito de capturar el creciente interés por los videos cortos en dispositivos móviles, un formato que ofrecía un consumo rápido, entretenido y altamente compartible.

En 2017, ByteDance decidió expandir la aplicación al mercado internacional bajo el nombre de TikTok, fusionándola con Musical.ly, una aplicación popular entre adolescentes para hacer videos de sincronización labial. Este movimiento permitió que TikTok lograra rápidamente un gran alcance entre los jóvenes fuera de China y ofrecer una plataforma donde los usuarios podían crear videos de hasta 60 segundos con música, efectos y herramientas de edición fáciles de usar.

Desde su lanzamiento, TikTok ha tenido un impacto global y ha revolucionado, no solo la forma en que los usuarios consumen y crean contenido, sino también su influencia en el mundo de los negocios, especialmente entre jóvenes emprendedores.

La pandemia de COVID-19, por ejemplo, aceleró el uso de TikTok como una herramienta para impulsar ventas online, pues muchas personas recurrieron a las redes sociales como entretenimiento, inspiración y, en particular, para iniciar sus propios negocios desde casa.

Los emprendedores jóvenes encontraron en TikTok una oportunidad única para promover productos o servicios, así aprovechar la viralidad y el alcance orgánico que la plataforma ofrece.

Gracias a su algoritmo, TikTok muestra contenido basado en los intereses de los usuarios, lo que facilita que incluso cuentas pequeñas alcancen rápidamente audiencias masivas si su contenido resuena con los usuarios. Esto ha hecho que jóvenes sin grandes presupuestos publicitarios logren convertir sus pasatiempos en negocios rentables.

El impacto de TikTok sobre los negocios de jóvenes emprendedores es asombroso y muestra ejemplos de éxito a nivel mundial. Uno de los casos más conocidos es el de Charli D'Amelio, una joven estadounidense que comenzó compartiendo videos de baile y, en poco tiempo, se convirtió en la persona más seguida en TikTok, con más de 150 millones de seguidores.

Su popularidad le permitió obtener contratos con marcas, crear su propia línea de productos y lanzar colaboraciones con otras celebridades. Además, muchos jóvenes han utilizado TikTok para impulsar pequeñas empresas, como Addison Rae, quien, al igual que Charli, empezó como creadora de contenido y ahora tiene una marca de cosméticos.

Otros emprendedores han utilizado la plataforma para vender desde productos de belleza hasta ropa personalizada, aprovechando las tendencias virales para capturar la atención de millones de personas en todo el mundo. TikTok ha demostrado ser una herramienta poderosa, no solo para entretenimiento, sino también como un motor para el emprendimiento juvenil en la era digital.

Algunos emprendedores que comenzaron desde cero en plataformas como TikTok y hoy tienen millones de visualizaciones y seguidores, son ejemplos inspiradores de cómo se puede aprovechar el poder de las redes sociales para transformar una idea en un negocio exitoso. A continuación, menciono algunos de los más destacados:

Charli D'Amelio, aunque Charli es más conocida por sus videos de baile, su éxito en TikTok la ha convertido en una empresaria. Con más de 150 millones de seguidores, ha colaborado con marcas de moda, productos de belleza, y ha lanzado su propia línea de productos. Charli empezó subiendo videos simples desde su casa y rápidamente creció hasta convertirse en la persona más seguida en la plataforma.

Su éxito ha resultado en contratos multimillonarios y le ha permitido diversificarse en varios sectores de negocios Addison Rae.

Entre otro que fueron valientes aun siendo jóvenes y que admiro mucho se encuentran:

Luisito Comunica, cuyo nombre real es Luis Arturo Villar Sudek, es un famoso youtuber, empresario y creador de contenido mexicano. Nació el 20 de marzo de 1991 y saltó a la fama a través de su canal de YouTube, donde publica blogs de viajes, cultura y experiencias alrededor del mundo. Con millones de seguidores, Luisito es uno de los influencers más populares de habla hispana.

Además de su éxito en YouTube, ha incursionado en varios emprendimientos. Es dueño de una compañía de telefonía móvil llamada Pillofón, tiene su propia marca de tequila llamada Gran Malo, y ha lanzado una línea de ropa. Su capacidad para diversificar sus negocios y conectar con su audiencia lo ha consolidado como un emprendedor exitoso en el mundo digital.

La Granja de El borrego es un emprendimiento colombiano creado por Carlos Alberto Díaz, conocido en redes como El Borrego. Este joven ha alcanzado gran popularidad en plataformas como TikTok, donde comparte su vida en una granja y promueve un estilo de vida rural positivo. Su contenido se enfoca en mostrar que se puede tener una vida plena en el campo, rompiendo estereotipos y atrayendo a una audiencia joven interesada en la sostenibilidad y la vida fuera de las ciudades.

El éxito de El Borrego se debe, en parte, a su autenticidad y la conexión emocional que genera con sus seguidores, acumulando millones de ellos en plataformas digitales. Además, su mensaje de que el campo es un lugar de oportunidades ha resonado profundamente entre quienes buscan una vida más conectada con la naturaleza.

Todos estos emprendedores demostraron cómo se puede comenzar sin nada más que una idea y una cámara, y convertir el contenido en un negocio rentable. Gracias a la naturaleza viral de TikTok y su enfoque en los videos cortos, muchos jóvenes han encontrado en esta plataforma la oportunidad perfecta para dar a conocer sus talentos y emprendimientos, generando visualizaciones masivas que se traducen en éxito comercial.

En mi experiencia TikTok fue un regalo de vida. Cuando pude comprar más mercancía, una proveedora me sugirió hacer videos en TikTok. Al principio, sentía mucha pena y desconfianza, y no tenía ningún seguidor, así que pensé que nadie se interesaría.

Pero, finalmente, me armé de valor, confié en mí misma y superé el miedo al rechazo, así que publiqué mi primer video. No fue perfecto, pero me sentí motivada a mejorar y crecer en las redes sociales. Poco a poco, las personas comenzaron a ver mis videos y les empezó a gustar.

No contaba con herramientas para hacer videos de calidad, solo poseía mi celular, así que me las ingenié para hacer videos de los productos, tampoco tenía para ponerlos en una mesa así que utilizaba mi cama para colocarlos encima y se vieran más bonito, y así fui utilizando todo lo que encontraba para decorar las fotos.

Después de subir bastante videos, logré hacer mi primera venta fuera de la ciudad, rumbo a Bogotá.

No se imaginan la emoción que sentí de que alguien confiara en mí y en lo que vendía desde otra ciudad. Desde ese instante mi motivación se multiplicó, así que hice videos de las órdenes que empacaba y órdenes de ejemplo, en las cuales mostraba cómo quedarían los paquetes según los comentarios de las personas.

Paso a paso, todo este esfuerzo hizo que recibiera encargos de otras ciudades, como Medellín, Cartagena, Tumaco y muchas más. En este punto, me di cuenta de que iba por buen camino.

La vida de las ventas me comenzaba a sonreír por lo que fui investigando, estudiando sobre esta herramienta que estaba allí al alcance de nuestras manos y que podría ser de un gran valor para el objetivo que había trazado en mi vida.

Capítulo III

EL VIDEO VIRAL

Comenzaré mostrándote alguna información sobre cómo alcanzar que un video en TikTok se considere viral, para eso debemos cumplir con varias características que lo hagan destacar entre millones de otros videos en la plataforma. Aunque no hay una fórmula exacta, estos son algunos factores clave que suelen influir en la viralidad:

1. **Engagement inmediato**: Los primeros segundos del video son cruciales. Un video que atrapa la atención del espectador desde el inicio tiene más posibilidades de retenerlo. Las transiciones rápidas, efectos visuales atractivos o el uso de música pegajosa suelen contribuir a esto.

2. **Formato corto y conciso**: TikTok es una plataforma diseñada para videos rápidos y entretenidos. Los videos que van al grano y no superan los 15-30 segundos

tienden a funcionar mejor, ya que son más fáciles de consumir y compartir.

3. **Originalidad**: Los videos que ofrecen algo novedoso o inesperado, ya sea en formato, contenido o perspectiva tienden a viralizarse. El humor, las coreografías únicas, los retos innovadores y las historias conmovedoras son ejemplos de contenidos que llaman la atención.

4. **Tendencias y hashtags**: Participar en tendencias populares o retos (#challenges) en TikTok puede aumentar significativamente las posibilidades de viralización. Los hashtags relevantes y de moda hacen que los videos se encuentren más fácilmente dentro de las búsquedas de la plataforma.

5. **Uso de música o sonidos virales**: Incorporar canciones o sonidos populares es una forma efectiva de capitalizar el interés del momento. TikTok permite agregar música a los videos de manera sencilla y los algoritmos tienden a favorecer los videos que utilizan audios virales.

6. **Participación comunitaria**: Los videos que invitan a la audiencia a interactuar, comentar o compartir tienen más probabilidades de volverse virales. Esto incluye videos que plantean preguntas, retos o situaciones que la audiencia puede replicar o responder.

Estrategias para emprendedores que quieren hacer viral un producto o video:

1. **Contar una historia auténtica**: Las audiencias en TikTok valoran la autenticidad. En lugar de hacer un anuncio típico, los emprendedores deben contar una historia detrás de su producto. Mostrar cómo surgió la idea, el proceso de creación o cómo resuelve un problema puede generar una conexión emocional con los espectadores.

2. **Colaborar con creadores de contenido**: Los "influencers" en TikTok ya tienen una base de seguidores establecida y pueden ayudar a difundir un producto de manera orgánica. Colaborar con creadores afines al nicho de tu producto, ya sea para reseñarlo o utilizarlo en sus videos, puede aumentar rápidamente la visibilidad.

3. **Utilizar el formato de retos o tendencias**: Crear un reto relacionado con tu producto y animar a los usuarios a participar es una excelente forma de generar interés. Si el reto es divertido o atractivo, los usuarios lo replicarán, haciendo que el producto o la marca se viralice a través de la participación de la comunidad.

4. **Mostrar el producto en acción**: Los videos que muestran el uso práctico o la transformación que ofrece un producto tienden a funcionar bien. Ya sea demostrando cómo resolver un problema cotidiano o mostrando

una reacción impactante al usar el producto, los videos que explican el "cómo" y el "por qué" suelen enganchar más.

5. **Aprovechar la inmediatez de las tendencias**: TikTok es una plataforma donde las tendencias cambian rápidamente. Los emprendedores deben estar atentos a lo que está de moda y tratar de integrar su producto dentro de estas tendencias de manera creativa y relevante.

6. **Promover descuentos o ediciones limitadas**: Ofrecer promociones especiales, sorteos o ediciones limitadas de un producto puede generar un sentido de urgencia que impulse la viralidad. Un ejemplo efectivo es pedir a los usuarios que comenten o compartan el video para tener la oportunidad de obtener un descuento o ganar el producto, lo que aumenta el alcance y la interacción.

7. **Ser consistente y analizar el rendimiento**: No todos los videos se volverán virales de inmediato, pero la consistencia es clave. Publicar contenido regularmente aumenta las probabilidades de éxito. Además, es importante analizar qué tipos de videos están teniendo mayor respuesta y ajustar la estrategia en función de lo que funciona mejor para la audiencia.

Ejemplos de emprendedores con videos virales:

Pink Lily Boutique: Una tienda de moda que utiliza TikTok para promocionar su ropa mediante videos de "haul" y desafíos de moda. Sus videos muestran combinaciones de ropa de manera dinámica, generando millones de vistas y elevando sus ventas online.

Scrub Daddy: Esta marca de esponjas de cocina ganó notoriedad en TikTok al mostrar su producto en acción. Videos que demostraban la durabilidad y funcionalidad del *Scrub Daddy* se volvieron virales, transformando el producto en un éxito de ventas.

Beardbrand: Esta empresa, enfocada en productos de cuidado para barba, utiliza TikTok para educar a su audiencia sobre el cuidado personal mientras promueve sus productos. Sus videos cortos y prácticos, mostrando el antes y después del uso de sus productos, han captado millones de vistas.

Estrategias inteligentes

Con estrategias inteligentes y contenido atractivo, los emprendedores pueden capitalizar el enorme potencial de TikTok para convertir videos y productos en éxitos virales, alcanzando audiencias masivas a nivel mundial.

Mi primer video virar lo realicé un tiempo después en mi país. Era un combo para dos personas que costaba 20 000 (pesos colombianos), aproximadamente 4 dólares.

Este video en TikTok me generó muchos seguidores y ventas que no esperaba, estuve muy sorprendida y no estaba preparada para poder cumplir con todas.

Entre algunos de los productos que comercializaba estaban, colágeno para ojeras, mascarilla relajante de gel, mascarilla de durazno, mascarilla de Aloe Vera, mascarilla comprimida, entre otros.

Se colapsó mi chat de WhatsApp. En ese momento hubo un Paro Nacional en mi país. Esta situación y otras causas impidieron que pudiera responder y enviar todas las órdenes que me pedían a tiempo, así que pedí ayuda a mi hermano mayor para responder mensajes mientras yo empacaba y, aun así, teníamos el problema con la empresa de envíos, ya que las protestas no permitían que los pedidos se entregaran según el itinerario inicial.

Perdí muchos clientes, pero también hubo otros que comprendieron la situación y esperaron con paciencia a que pudiera entregarles el paquete, quedaron satisfechos con su entrega y volvieron nuevamente a comprar. Como de todo tipo de marketing saqué mis propias experiencias para futuras promociones.

Como te he contado con estas historias, fue literalmente el momento que transformó desde cero mi emprendimiento porque yo no tenía hasta entonces esa cantidad de clientes y desde ese día se dispararon las ventas.

Yo ofrecía muchas cosas por los veinte mil pesos. Y eso fue lo que cautivó y llamó la atención de los clientes. Realmente no le ganaba tanto al producto, pero era algo que llamaría la atención, las personas se interesarían y lo compartían constantemente.

Mi ganancia consistió, *no como tal de la ganancia del producto vendido*, sino de la ganancia que adquirí de volverse virar el video. Todo el mundo lo quería porque de verdad que era una súper promoción.

Cuando decidí venir a los Estados Unidos, continuó la viralidad ahora con productos de labios.

En mi perfil hay varios, por ejemplo, un producto que se llama la *lippie bag* que son productos de labios, que vendí en unas bolsitas.

Lo atractivo de la realización del video era que los iba echando en un recipiente, poniendo muchos productos de labios diferentes, y decía:

—Mira cuántos productos de labios pueden salir. ¡En tu bolsa pueden salir cosas así!

Y el hecho de que la gente esperara a que yo pusiera todos los *lip* de labios diferentes fue un impacto. Este TikTok han tenido más de un millón de vistas. Gracias a Dios.

Una de mis estrategias es que trato siempre de hacer videos no tan largos que sean demostrativo del producto a vender.

También otro tipo de video que les gusta mucho es cuando yo cuento historias. Historias que me han pasado, incluso, con los clientes, algunas que han tenido más de quinientas mil vistas.

Capítulo IV

Las tiendas en línea. Mi primera expansión en tienda

¿Sabes tú qué es una tienda en línea y cuándo surgió? ¿Conoces alguno de los primeros en este apasionante mundo de ventas? Pues yo, una simple mortal, joven e inexperta te hablaré de su surgimiento, pero, más importante aún, te demostraré que lo pude experimentar ya que hoy es una realidad en mi vida.

Las tiendas en línea comenzaron a ganar popularidad con el crecimiento de internet en la década de 1990. La primera tienda en línea fue Book Stacks Unlimited, lanzada en 1992 por Charles M. Stack, que vendía libros. Sin embargo, la que marcó un verdadero antes y después fue Amazon, creada por Jeff Bezos en 1995. Empezó vendiendo libros y hoy es una de las empresas más grandes del mundo.

Características para que sea un éxito:

Facilidad de uso: La página debe ser fácil de navegar y permitir a los clientes encontrar lo que buscan rápidamente.

Seguridad: Es fundamental contar con sistemas que protejan los datos y pagos de los clientes.

Métodos de pago variados: Ofrecer varias formas de pago para que los clientes puedan escoger la que más les convenga.

Atención al cliente: Un buen soporte al cliente puede hacer la diferencia en la experiencia de compra.

Buena estrategia de marketing: Usar redes sociales, anuncios y otras formas de publicidad para atraer más clientes.

Envío eficiente: Contar con una logística rápida y confiable para que los clientes reciban sus productos sin problemas.

Te menciono a continuación algunas de las tiendas en línea más famosas y exitosas:

Amazon: La tienda en línea más grande del mundo.

Alibaba: Una de las más grandes en China, enfocada en el comercio al por mayor, pero para comenzar tu negocio **Sweet Spring Store** nuestra tienda también vende sus productos al por mayor, encuéntranos no te arrepentirás.

eBay: Plataforma famosa por las subastas y ventas de productos de segunda mano.

Shopify: No es solo una tienda, sino una plataforma que permite a emprendedores crear sus propias tiendas en línea.

Algunas sugerencias qué necesitas para abrir una tienda en línea:

Producto o servicio.

Tener claro qué vas a vender.

Plataforma: Puedes usar plataformas como Shopify, WooCommerce o crear tu propia página web.

Método de pago: Configurar métodos para que los clientes paguen de manera fácil y segura.

Estrategia de marketing digital: Aprovechar redes sociales y publicidad para atraer clientes.

Logística: Organizar cómo vas a manejar los envíos, el stock y la atención al cliente.

Con estos elementos básicos, estarás listo para empezar tu tienda en línea y crecer como emprendedor. La mía la comencé gracias a toda la experiencia anterior adquirida en mi país, fue como logré expandirme y crear mi primera tienda.

La expansión de un negocio implica asumir nuevos riesgos y dar pasos más ambiciosos para aumentar las ventas y la rentabilidad.

En mi caso, esto se tradujo en la decisión de invertir en una mayor cantidad de mercancía, multiplicando por cuatro el volumen habitual de mis pedidos. Este movimiento, no solo reflejaba mi confianza en el crecimiento de mi tienda, sino que también envió una señal clara a mis proveedores: mi emprendimiento estaba en plena expansión y tenía potencial para generar más ventas.

Los proveedores, tanto en el ámbito físico como virtual, valoran a los negocios que muestran un crecimiento constante. Al hacer pedidos de mayor volumen, demostré mi capacidad para manejar más inventario y ventas, lo que fortaleció la relación con ellos.

Gracias a esto, comencé a recibir mejores descuentos y condiciones más favorables, lo que es fundamental para cualquier emprendedor.

Estos descuentos aumentaron mis márgenes de ganancia, permitiéndome reinvertir en el negocio y comenzar a vender al por mayor, una modalidad de ventas que disfruto particularmente.

Vender al por mayor me permite aumentar mis ingresos y también ayudar a otros emprendedores a cumplir sus sueños.

De esta manera, mi éxito se convierte en un catalizador para que otros también puedan alcanzar sus objetivos, tal como lo estoy haciendo yo. En resumen, las ganancias no son solo el dinero que se obtiene al vender un producto, sino la capacidad de reinvertir en el negocio, de crecer de manera sostenible y de ayudar a otros a progresar.

Hoy quiero ayudarte porque también me sentí en ocasiones en los inicios cómo atormentada porque había conceptos y términos que debía aprender y llevar a la práctica, como, por ejemplo: ganancia, proveedores, etc. Te los comento para que después tú mismo sigas investigando.

Los proveedores son las personas o empresas que te venden los productos que luego tú ofreces en tu tienda. Básicamente, son quienes te suministran la mercancía que necesitas para tu negocio. Hoy en día, muchos proveedores trabajan de manera virtual, lo que facilita encontrar diferentes opciones desde cualquier parte del mundo. Ellos confían en ti cuando ven que compras con frecuencia o en mayor cantidad, lo que les demuestra que tu negocio tiene potencial para crecer.

La ganancia es lo que te queda después de cubrir todos los gastos que tuviste para comprar los productos y mantener el negocio funcionando. En pocas palabras, es la diferencia entre lo que pagas por la mercancía y lo que ganas al venderla. Esa ganancia es clave porque te permite reinvertir, crecer y hacer que tu negocio siga adelante.

Capítulo V

DE CALI A MIAMI

Después de más de un año con mi emprendimiento en Colombia, tomé una de las decisiones más difíciles de mi vida: mudarme a Estados Unidos para continuar con mi negocio allí. Aunque estaba emocionada por las oportunidades que me esperaban, el miedo me acompañaba constantemente. Había tantos prejuicios rondando en mi cabeza: ¿Y si no hablaba bien inglés? ¿Y si no puedo vender igual que en Colombia?... Pero a pesar de todo eso, no estaba sola. Mi familia y mi esposo, Andrés, siempre creyeron en mí, y ese apoyo fue mi mayor fortaleza.

Andrés fue una pieza clave en mi transición. Desde que llegué a Miami, él no solo creyó en mi sueño, sino que lo hizo suyo también. Se encargó de toda la parte legal, porque queríamos formalizar nuestra tienda, **Sweet Spring Store**, desde el principio.

Él también confió en mí para manejar la inversión inicial de 400 dólares en mercancía. Recuerdo muy bien cuando me dijo:

—Desde ahora, es tu responsabilidad sacar adelante el negocio.

Ese momento me llenó de confianza, porque me dio la libertad de aplicar todo lo que había aprendido en Cali, mientras adquiría nuevas experiencias día tras día en un país nuevo.

Lo que comenzó como mi sueño personal, se convirtió en el proyecto de ambos, y ese cimiento sólido es lo que ha permitido que hoy disfrutemos la empresa que somos.

Mi primera venta en EUA

Nunca olvidaré mi primera venta en Estados Unidos. Fue un combo para labios que envié a Texas.

Ese momento fue especial. Wow, era mi primera venta en un nuevo país y ocurrió después de un largo tiempo en el que sentía que mi negocio no despegaba.

Había días en los que dudaba si todo esto valía la pena. A veces, sentía que el negocio en Colombia había funcionado mucho mejor y que acá nada iba a ser igual. Y tenía razón... nada fue igual... pero fue precisamente eso lo que me ayudó a crecer.

El proceso me obligó a cambiar mi estrategia y adaptarme al mercado estadounidense. Un mes después de esa primera venta, logré enviar otro pedido, esta vez a Puerto Rico. ¿Y cómo lo logré? Gracias a los videos que subía en TikTok.

Esa plataforma se convirtió en una herramienta poderosa que me conectó con clientes de todas partes. Lo que al principio parecía un obstáculo insuperable, se transformó en una oportunidad para reinventarme y encontrar nuevas formas de alcanzar el éxito.

Ahora, ademas de TikTok LIVE Y TikTok SHOP

Te cuento algo sobre TikTok Live, no es más que una función dentro de la plataforma TikTok que permite a los usuarios trasmitir videos en tiempo real a su audiencia. Esta herramienta surgió como una forma de hacer las interacciones más dinámicas y directas, permitiendo a los creadores conectarse de manera más cercana con sus seguidores.

Las personas pueden hacer comentarios en tiempo real, enviar regalos virtuales y participar activamente en la trasmisión. TikTok Live, no solo es una forma de entretenimiento, sino que también es muy usada por creadores y marcas para promocionar productos, responder preguntas y aumentar la participación de su audiencia.

Su objetivo principal es crear una interacción en tiempo real entre los creadores y su audiencia, permitiendo una mayor conexión y engagement.

¿Cómo puedes acceder?: Para acceder a TikTok Live necesitas cumplir con ciertos requisitos:

1. Tener al menos 1000 seguidores en tu cuenta.
2. Ser mayor de 16 años para trasmitir, y 18 años para recibir regalos virtuales.

Una vez que cumplas estos requisitos, el botón Live aparecerá cuando abras la cámara para grabar un video.

Por otra parte, TikTok Shop es una función relativamente nueva que permite a los usuarios comprar productos directamente desde la aplicación.

Surgió como una estrategia de TikTok para integrar el comercio electrónico dentro de la plataforma, convirtiendo los videos, trasmisiones en vivo y anuncios en oportunidades de compra instantánea.

Los creadores pueden etiquetar productos en sus videos o en sus trasmisiones en vivo, y los usuarios pueden comprar esos productos sin salir de TikTok.

Es una excelente forma para que los emprendedores, marcas y creadores promuevan y vendan sus productos.

Su objetivo principal es facilitar el comercio social, permitiendo a los creadores y marcas vender directamente a sus seguidores a través de la plataforma.

La idea es unir el contenido entretenido con la posibilidad de hacer compras de manera instantánea y sin fricciones.

¿Cómo acceder?

1. Necesitas una cuenta de TikTok Business o de creador para poder acceder a TikTok Shop.

2. Dirígete a la página de configuración o al sitio web de TikTok Shop y regístrate como vendedor.

3. Una vez aprobado, podrás etiquetar productos en tus videos y hacer ventas directas desde la aplicación.

Lo que necesitas

-Un perfil de TikTok activo y cumplir con las políticas de la plataforma.

-Tener productos que puedas vender a través de la aplicación y cumplir con las normativas locales sobre comercio.

-Si vas a usar TikTok Shop, también necesitarás vincular una cuenta bancaria para recibir pagos.

TikTok Live y TikTok Shop son herramientas poderosas para quienes buscan crecer y monetizar su audiencia por eso, como es lógico, después que llevas detenido en un mismo método de negocios quieres saltar al siguiente paso, me di cuenta de que no era suficiente solo hacer videos.

Un día, mientras navegaba en mi sección "Para ti", me encontré con una trasmisión en vivo de alguien vendiendo productos.

Entré por curiosidad y vi cómo lo hacía. En ese momento, supe que era una estrategia increíble. Pasé varios días observando sus *lives* para aprender cómo manejaban todo.

Después de compartir mi nueva idea con Andrés y recibir sus palabras de apoyo, decidí animarme a hacer mi primer *live*. Sin embargo, fue un completo desastre. Estaba tan nerviosa que no sabía cómo actuar. Algunas personas se burlaban de mí, aunque también hubo quienes fueron amables y me alentaron.

Con el tiempo, aprendí a filtrar los comentarios negativos y a ignorar a quienes intentaban incomodarme. Así, comencé a incorporar diferentes actividades para hacer los *lives* **más divertidos y atractivos.**

Poco a poco, los espectadores aumentaron, de tener solo 5 personas al principio, pasé a tener 80. Cada vez más personas volvían, se quedaban y mis ventas diarias comenzaron a estabilizarse.

A lo largo del proceso, también hubo personas que trataron de sabotear mis trasmisiones, pero me mantuve positiva y fui ganando confianza.

Conté con la ayuda de moderadoras que conocí en la plataforma y de amigas que me acompañaban durante los *lives*.

Gracias a ellas, el ambiente mejoró mucho. A medida que la comunidad crecía, me pedían nuevos productos y actividades diferentes. Mas cometí un error: realicé rifas que estaban prohibidas y eso me costó una sanción.

Estuve al borde de perder mi cuenta de TikTok y todo lo que había construido con tanto esfuerzo. Fue un momento devastador para mí, ya que esa cuenta tenía 30 mil seguidores y sentía que nunca podría recuperar ese número. Lamentablemente, me restringieron la opción de hacer *lives*, y en ese momento pensé que mi carrera como emprendedora había terminado.

Pero, como sucede casi siempre, el universo vuelve a conspirar para ti y a pesar de las dificultades, hubo personas buenas que me apoyaron y buscaron maneras de ayudarme. Gracias a ellas, obtuve una nueva cuenta de TikTok, esta vez creada en Estados Unidos con los 1000 seguidores necesarios para hacer *lives* de nuevo y no dudé ni un segundo en agradecer profundamente a quienes me ayudaron y aproveché esta nueva oportunidad para salir adelante. Fue entonces cuando descubrí TikTok Shop.

TikTok Shop era en aquellos momentos una sección nueva dentro de la plataforma, y, aunque al principio no estaba segura de que funcionaría para vender, todo cambió cuando vi su verdadero potencial.

Me di cuenta de que mi emprendimiento podía crecer mucho más. Para los nuevos emprendedores es una excelente opción, siempre y cuando se sigan todas las normas.

Hoy en día, más de 50 000 personas me acompañan en mis en vivos, donde compartimos momentos mientras empaco las órdenes que llegan a mi tienda. Amo lo que hago. Con el tiempo, aquel miedo inicial de hacer *lives* desapareció y fue reemplazado por las ganas de seguir interactuando con mis *sweeties*, como nos llamamos en la comunidad.

En todas mis cuentas combinadas, ya superó los 130 mil seguidores, y he enviado más de 12 000 pedidos a todo Estados Unidos y Puerto Rico. Estoy segura de que, confiando en Dios, estos números seguirán creciendo.

Cada día sigo trabajando arduamente para hacer crecer este sueño que es **Sweet Spring Store**, mi tienda en línea.

Esta no es ni será el fin de mi historia ni de este emprendimiento cada día aprendo cosas nuevas y espero seguir llenándome de experiencias y lecciones que pueda compartir con todos ustedes.

Capítulo VI

Lecciones y consejos aprendidos en un Sueño hecho Tienda

Comenzar un negocio no es fácil, pero es una de las decisiones más emocionantes y desafiantes que puedes tomar. En este capítulo quiero compartir contigo las lecciones que he aprendido a lo largo de mi viaje como emprendedora, desde la primera vez que vendí un producto hasta alcanzar más de 130 mil seguidores y miles de clientes. Lo que empezó como un pequeño sueño en mi habitación en Colombia, hoy es **Sweet Spring Store**, una tienda en línea que me ha permitido crecer, no solo como empresaria, sino también como persona.

Si estás aquí, probablemente tienes un sueño similar: convertir tu pasión en un negocio exitoso. Pero te lo digo desde ya: no se trata solo de vender productos, se trata de construir una comunidad, de aprender de los fracasos, de ajustar tu estrategia una y otra vez, y de tener la confianza para seguir adelante, incluso, cuando todo parece estar en contra.

En este capítulo te voy a contar lo que nadie me dijo al comenzar: los errores, las dificultades y, sobre todo, los secretos que me han permitido levantarme cada vez que he caído, porque emprender no es un camino recto, es una aventura llena de curvas, y estoy aquí para guiarte en cada una de ellas, y que tú aprendas; en el camino te dejo estos consejos:

Compra productos fáciles de vender. Productos que sirvan para todas las personas, también que su costo de inversión y venta sea bajo para que sea de más fácil acceso.

Verifica su calidad. Prueba tú primero lo que quieres vender para darte cuenta si el producto cumple con lo que promete, también revisa sus etiquetas de forma que lo que estés usando sea un producto registrado en pruebas de calidad.

Nunca vendas algo que tú no quieras comprar.

Infórmate de tu entorno. Movimientos políticos sociales y ambientales que puedan afectar las ventas de tu emprendimiento.

El servicio al cliente es tu aliado. Busca generar un sentimiento de confianza. Tu imagen y la imagen que trasmite la empresa son cruciales para que las personas decidan comprarte.

Ten una cuenta de TikTok o la red social que uses de respaldo. Haz crecer dos cuentas de forma simultánea como seguro para que las personas te sigan viendo.

Si decides crearte un TikTok Shop debes seguir sus reglas. Así no tendrás problemas para tu cuenta.

Crea vínculos con la comunidad. Conoce a las personas que te siguen así podrás elegir de forma correcta a tus moderadores.

Administra bien tu inventario. Proyecta tus ventas y calcula cuántas unidades necesitas de cada producto e insumo, así estarás preparado para vender sin miedo a que se agoten y sin sobre inventariar, pues almacenar demasiado inventario es un gasto innecesario.

Empieza a crear políticas. Las políticas son cruciales para saber cómo actuar en diferentes situaciones y tener un funcionamiento correcto en tu negocio. Esto no solo te ayudará a manejar tu tienda de manera más eficiente, sino que también mejorará la experiencia de tus clientes.

No tengas miedo a delegar trabajo a otras personas. Si el volumen de trabajo aumenta puedes buscar alguien que te ayude, de esta forma la carga de trabajo será más fácil y podrás ser más productivo

Y recuerda siempre *las personas que trabajan contigo hacen parte de la esencial de tu emprendimiento…*

Aparte de esos consejos generales te dejo estos tips que utilicé a medida que fui conociendo realmente en la práctica el mundo del negocio.

1. Asegúrate de que realmente quieres vender y define tu negocio

Antes de comenzar, asegúrate de tener clara la idea de lo que quieres vender o el tipo de negocio que deseas iniciar. A veces, cuando estamos comenzando, no tenemos claridad y eso puede llevarnos a querer hacer de todo, lo que termina siendo contraproducente. Definir tu negocio desde el inicio te ayudará a saber qué requisitos necesitas cumplir y a enfocarte mejor.

2. Crea un nombre y logo

Una vez decidido el tipo de negocio, es importante crear un nombre y un logo. Verifica que no estén registrados por otra empresa para no perder tiempo y tener que empezar de nuevo si ya están ocupados. Esto es esencial para evitar problemas al registrar tu empresa.

3. Registra tu empresa en la Secretaría de Estado

Para crear tu empresa en Estados Unidos, debes registrarla en la Secretaría de Estado del estado donde planeas operar. Cada estado tiene su propia secretaría, por lo que es necesario investigar cuál es la correspondiente. Si no te sientes seguro de hacer estos trámites, es recomendable contratar a un profesional que se especialice en la creación de empresas.

4. Considera contratar a un profesional

Aunque puedes hacer los trámites por tu cuenta, contar con la ayuda de un profesional es una opción segura. Ellos conocen el proceso a fondo y pueden evitarte errores costosos. Sin embargo, es útil que te informes sobre el procedimiento para que no te engañen. Si el presupuesto no lo permite y te sientes confiado, también puedes hacerlo por tu cuenta.

5. Elige el tipo de empresa adecuado

Investiga los diferentes tipos de empresas, como la LLC (Limited Liability Company) o la S-Corp. Cada una tiene ventajas y desventajas, por lo que es importante elegir la que mejor se ajuste a tu negocio y sus necesidades.

6. Abre una cuenta bancaria a nombre de tu empresa

Tener una cuenta bancaria separada para tu negocio es fundamental. No solo te ayudará a mantener tus finanzas personales y empresariales separadas, sino que también te permitirá construir un historial crediticio para tu empresa y facilitará el manejo de impuestos.

7. Infórmate sobre los impuestos que debes pagar

El tema de los impuestos puede ser complicado y varía de estado en estado. Hay dos tipos principales de impuestos para los negocios: los impuestos sobre el ingreso total y los impuestos sobre las ventas. Es crucial estar al tanto de ambos para evitar multas y sanciones, como las que nosotros experimentamos por no pagar el impuesto de ventas a tiempo. Un buen asesor en esta área puede ahorrarte muchos dolores de cabeza

8. Asegúrate de tener los permisos necesarios para tu tipo de negocio

Dependiendo del tipo de negocio que planees abrir, podrías necesitar diferentes permisos. Un Home Business, por ejemplo, puede no requerir tanto como un local comercial. Asegúrate de investigar los requisitos específicos según el tipo de negocio que estés iniciando.

9. Mantente actualizado sobre leyes y regulaciones

El entorno legal y de negocios cambia constantemente. Es importante que te mantengas informado y actualizado sobre las nuevas regulaciones y leyes para evitar problemas legales o financieros.

10. Seguridad Social o ITIN para registrar tu empresa

Para registrar una empresa en Estados Unidos, es necesario contar con un número de seguro social. Sin embargo, si aún no lo tienes, existe la opción de hacerlo con un ITIN (Número de Identificación Personal del Contribuyente), aunque este tema puede ser más complejo y te sugiero que busques asesoría profesional si ese es tu caso.

Capítulo VII

ORGANIZACIÓN Y OPTIMIZACIÓN DEL ESPACIO FÍSICO

En este capítulo te explicaré muy brevemente sobre la organización y optimización del espacio físico en sentido general de cualquier negocio, esto se refiere a la disposición y utilización eficiente de las áreas disponibles para maximizar la productividad, mejorar la experiencia del cliente y facilitar el flujo de trabajo. Incluye aspectos como:

Distribución del mobiliario: Colocar los muebles y equipos de manera estratégica para que el personal pueda realizar sus tareas de forma eficiente y los clientes se sientan cómodos.

Aprovechamiento del espacio: Utilizar cada rincón disponible de manera inteligente, por ejemplo, con almacenamiento vertical o muebles multifuncionales.

Zonificación: Dividir el negocio en áreas específicas según su función (venta, almacenaje, oficina, etc.) para optimizar el flujo de trabajo y la accesibilidad.

Circulación: Garantizar un flujo adecuado de personas y mercancías, minimizando obstáculos y tiempos de desplazamiento innecesarios.

Diseño atractivo y funcional: Crear un ambiente que sea estéticamente agradable pero también funcional, alineado con la identidad del negocio y las necesidades del cliente. Optimizar el espacio físico puede aumentar la productividad, mejorar la satisfacción del cliente y reducir costos operativos.

Un emprendimiento puede empezar de diversas maneras: desde una operación ambulante hasta un pequeño local físico, e incluso desde casa.

Poco a poco descubrí oportunidades únicas de crecimiento y optimización del espacio.

Personalmente, mi emprendimiento comenzó en casa, por lo que los consejos que te compartiré a continuación se basan en mi propia experiencia.

Elementos básicos que debes tener:

Quizás ya cuentes con muchos de estos recursos, solo debes buscar la manera de adecuarlos a tu emprendimiento

Internet: La mayoría de las operaciones son digitales, así que debes estar en constante actualización.

Celular: Con una buena cámara para crear contenido, las personas comprarán más fácil si ven lo que vendes.

Computador: Para hacer cuentas, registro de inventario y demás. Es esencialmente tu centro de información y archivo.

Silla de oficina: Una silla especial para trabajo de oficina te permite tener un momento más cómodo al trabajar por mucho más tiempo.

Mesa: Este objeto es ideal para dedicarte a preparar y empacar tus productos.

Impresora térmica: Para imprimir tus labels y no perder tiempo en la empresa de envíos.

Estantería: Preferiblemente en acero para una mayor resistencia. Son importantes para almacenar productos y utilería de empaque.

Cada emprendimiento necesita un espacio adaptado a sus necesidades, pero comienza ya, aunque no lo tengas todo perfecto. Es preferible iniciar y sacar partido de lo que tienes ahora que esperar a tener todo perfecto y no empezar jamás.

Algunas consideraciones para un ambiente de trabajo productivo

Para lograr un ambiente productivo en tu emprendimiento es necesario varias consideraciones, y en esta que ofrezco a continuación no me estoy refiriendo solamente a mi tipo de negocio, sino a cualquier negocio. Según dicen los estudiosos del tema es fundamental tener varios aspectos claves que impactan tanto en el rendimiento del equipo como en la eficiencia del negocio:

1. Diseño del espacio

Ergonomía: Asegúrate de que el mobiliario y las herramientas estén diseñados para el confort y la salud de los empleados.

Iluminación adecuada: La luz natural y una buena iluminación artificial aumentan la concentración y reducen la fatiga visual.

Zonas de trabajo bien definidas: Cada área debe estar destinada a una función específica para evitar distracciones y fomentar el flujo de trabajo.

2. Tecnología eficiente

Automatización de tareas: Implementar software y herramientas que ayuden a agilizar tareas repetitivas o que consumen tiempo.

Conexión estable y rápida: Una buena infraestructura tecnológica, como una conexión a internet confiable, es esencial para evitar interrupciones.

3. Organización y gestión del tiempo

Priorizar tareas: Usar herramientas de gestión de proyectos o listas de tareas para identificar las prioridades del día.

Horarios claros y flexibles: Tener horarios establecidos, pero permitir flexibilidad cuando sea posible para balancear productividad y bienestar.

4. Clima laboral positivo

Comunicación abierta: Fomentar una cultura donde los empleados puedan expresar ideas y preocupaciones sin miedo.

Reconocimiento y motivación: Valorar el esfuerzo y reconocer los logros, manteniendo al equipo motivado.

Trabajo en equipo: Promover la colaboración y la cohesión entre el personal.

5. Salud y bienestar

Pausas regulares: Fomentar descansos cortos para evitar el agotamiento mental y físico.

Espacios de relajación: Contar con áreas donde los empleados puedan descansar y recargar energías.

6. Capacitación continua

Desarrollo profesional: Ofrecer formación y capacitaciones para que el equipo esté actualizado y mejore sus habilidades.

Retroalimentación constructiva: Dar feedback regular para identificar áreas de mejora y reforzar los puntos fuertes. Implementar estas estrategias te permitirá mantener un ambiente productivo en tu emprendimiento, lo que no solo mejora el rendimiento, sino también la satisfacción del equipo de trabajo.

En el caso de mi emprendimiento ha sido fundamental por las características de mis productos y mi objetivo de venta, establecer mis propias herramientas dentro de las que se encuentran.

☐ Tener buena iluminación y jugar con los colores para trabajos manuales, así reduzco los errores y mi fatiga visual. También decoré mi espacio con mis colores preferidos para sentirme más a gusto en las labores.

☐ Mantengo mi ambiente ordenado y limpio. Evito ensuciar y, si lo hago, limpio después. Además, clasifico las cosas en su grado de utilidad, si lo uso con frecuencia lo tengo cerca y si lo uso con poca frecuencia lo archivo.

"Todo en orden siempre a la orden".

☐ Mantengo siempre visibles todos los productos que vendo.

☐ Separo los espacios de trabajo de mi vida personal. Si tu emprendimiento es en casa debes tener un lugar destinado para vender y almacenar tus productos sin que interfiera en el espacio de tu hogar.

☐ Busca que tu lugar de trabajo sea apto al tipo de movimiento que haces. Para movimientos de mercancía frecuentes es ideal un sitio con rampa o ascensor para transportar cajas de forma más fácil y rápido.

☐ Tengo buenos hábitos de trabajo. Fijo un horario para cada actividad, de esta forma mejoro mi productividad. También creo una lista de tareas bien estructurada para mantener el enfoque y cumplir mis objetivos diarios.

Capítulo VIII

LOS ENVÍOS

Un envío de calidad es fundamental para asegurar la satisfacción del cliente en una tienda en línea. Para lograrlo es necesario prestar atención a varios aspectos importantes. Aquí te dejo una guía general para gestionar los envíos de manera eficiente:

1. Selección adecuada del embalaje

Protección del producto: El embalaje debe ser resistente y adecuado para proteger el producto durante el transporte. Es importante utilizar material de relleno (como burbujas o papel) para evitar daños.

Tamaño correcto: El paquete debe ajustarse al tamaño del producto. Un embalaje muy grande puede generar costos adicionales y es menos sostenible, mientras que uno muy ajustado podría dañar el contenido.

2. Etiquetado y documentación correcta

Etiqueta clara y precisa: La dirección de envío debe estar claramente visible y escrita correctamente, incluyendo todos los detalles (nombre del cliente, número de contacto, código postal, etc.). Documentos de aduana (si aplica): En caso de envíos internacionales, asegúrate de incluir toda la documentación necesaria para cumplir con los requisitos aduaneros.

3. Tiempo de entrega

Plazos claros: Proporciona tiempos de entrega precisos y realistas al cliente desde el momento de la compra. Si es posible, ofrece opciones de entrega estándar y rápida.

Cumplimiento de plazos: Cumplir con los plazos es crucial. Si hay retrasos, informa de inmediato al cliente para que esté al tanto de la situación.

4. Seguimiento del envío

Sistema de seguimiento: Proporciona al cliente un número de seguimiento para que pueda verificar el estado de su pedido en tiempo real.

Comunicación proactiva: Notifica al cliente cuando el paquete ha sido enviado y está próximo a llegar. Esta transparencia mejora la confianza.

5. Presentación y experiencia del cliente

Aspecto profesional: El paquete debe tener una buena presentación, con logotipos de la marca o notas de agradecimiento que den una sensación de cuidado y profesionalismo.

Incluir factura o recibo: Agrega un comprobante de compra dentro del paquete.

6. Opciones de envío claras

Variedad de opciones: Ofrece diferentes métodos de envío (rápido, estándar, económico) para que el cliente elija según sus necesidades.

Transparencia en costos: Los costos de envío deben ser claros desde el principio del proceso de compra. Evitar sorpresas en el precio final mejora la satisfacción.

7. Política de devoluciones

Fácil de entender: Proporciona una política de devoluciones clara y accesible en caso de que el cliente no esté satisfecho con el producto.

Proceso simple: Facilita el proceso de devolución, indicando claramente cómo devolver el producto y qué pasos seguir.

8. Asociación con transportistas confiables

Elegir buenos transportistas: Trabaja con empresas de transporte reconocidas y confiables que aseguren la entrega puntual y segura.

Soporte en caso de problemas: Asegúrate de que la empresa de transporte ofrezca un buen servicio al cliente en caso de problemas o pérdidas.

Guía general para proceder a un envío en una tienda en línea:

1. **Confirmación del pedido**: Verifica que todos los detalles del pedido sean correctos (producto, dirección, método de pago).

2. **Preparación del pedido**: Embala el producto de manera adecuada para protegerlo durante el transporte.

3. **Generación de etiqueta de envío**: Crea una etiqueta de envío clara y asegúrate de incluir todos los detalles del cliente y del transportista.

4. **Entrega al transportista**: Proporciona el paquete al transportista seleccionado y registra el número de seguimiento.

5. **Notificación al cliente**: Informa al cliente sobre el estado de su envío y proporciona el número de seguimiento.

6. **Monitoreo del envío**: Haz seguimiento para asegurarte de que el paquete llega a tiempo.

7. **Resolución de problemas**: En caso de retrasos o problemas, mantén una comunicación proactiva con el cliente.

Siguiendo estos pasos, asegurarás que el envío sea de calidad y mejorará la experiencia de compra del cliente, generando confianza y lealtad hacia tu tienda.

Es importante ofrecer, no solo productos de calidad, sino también un envío óptimo que garantice la satisfacción del cliente. Cada producto tiene su propio cuidado, así que te daré una información general y luego te contaré cómo lo aplico en mi negocio.

Es crucial asegurarse de que cada producto se envíe de manera que se preserven todas sus propiedades. Esto significa usar empaques adecuados y métodos de envío que aseguren que el producto llegue en perfectas condiciones. En mi negocio, me aseguro de utilizar materiales de embalaje de alta calidad y métodos de envío con seguimiento para garantizar que cada cliente reciba su pedido en excelentes condiciones. Esto no solo ayuda a mantener la calidad del producto, sino que también contribuye a la satisfacción del cliente.

OPCIONES DE ENVÍO Y LOGÍSTICA

Existen varias opciones de envíos. Te voy a hablar de las que yo uso y cómo ha sido trabajar con esas empresas de envíos desde mi experiencia, pero puedes usar las que más te gusten:

- **USPS**. El Servicio Postal de los Estados Unidos
Los precios son más económicos, pero es más probable que se puedan perder los paquetes y tienen servicio de lunes a sábado.
- **UPS**. Es una empresa de transporte de paquetes.
Hay una mayor seguridad en la entrega de paquetes, pero sus precios son elevados y tienen servicio todos los días.

De acuerdo con la urgencia de entrega, el destino, el tamaño, el peso del paquete y a las preferencias del cliente puedes elegir uno u otro, así que es válido que uses varias empresas de envíos y no solo te quedes con una.

Pasos para enviar paquetes por USPS o UPS:

1. Preparación del paquete: Escoge una caja adecuada y asegúrate de que el artículo esté bien protegido con material de embalaje (como burbujas o papel arrugado).

2. Selecciona el servicio:

Tanto el Servicio Postal de los Estados Unidos (USPS) como la empresa de mensajería UPS ofrecen notificaciones por correo electrónico actualizadas relacionadas con el seguimiento de envíos y otros servicios. Sin embargo, es importante diferenciar entre correos electrónicos legítimos y posibles intentos de estafa. A continuación, te explico cómo funcionan las notificaciones de cada uno:

1. **Notificaciones de USPS:**

1. Tiempo de entrega: La entrega generalmente se realiza entre 1 y 5 días hábiles dentro de los Estados Unidos, dependiendo de la distancia entre el origen y el destino. No es un servicio express, pero sigue siendo confiable y rápido para distancias cortas o medias.

2. Cobertura nacional e internacional: Está disponible en todo el territorio de los EE.UU., incluyendo Alaska y Hawái. También cubre entregas a Canadá y México, aunque los tiempos pueden variar más allá de las fronteras.

3. Seguimiento del paquete: UPS Ground permite a los usuarios rastrear su envío en tiempo real mediante el número de seguimiento proporcionado, lo que ofrece transparencia sobre el estado y la ubicación del paquete.

4. Costos más bajos: Es más económico que los servicios de envío express o aéreo, lo que lo hace ideal para aquellos que no necesitan entregas urgentes y quieren ahorrar en costos de envío.

5. Paquetes asegurados: UPS Ground incluye un seguro básico para proteger el valor del paquete en caso de pérdida o daño durante el transporte, y se puede añadir cobertura adicional si es necesario.

6. Servicio puerta a puerta: La recogida y entrega se realizan directamente en la dirección de origen y destino, lo que brinda comodidad tanto a empresas como a individuos.

2. Notificaciones de UPS:

UPS envía actualizaciones en tiempo real sobre el estado de los paquetes por correo electrónico o mensaje de texto. Estos correos contienen información detallada sobre cada etapa del envío. Servicios como UPS Ground y UPS Worldwide Express incluyen un seguimiento más robusto. Sin embargo, es común recibir más notificaciones de UPS que de USPS, especialmente para servicios de mayor nivel. Debes tener cuidado con los correos que te pidan "actualizar tu dirección" o proporcionar información personal, ya que podrían ser intentos de fraude.

Para ambos servicios, es recomendable verificar el estado de tu paquete directamente en las páginas oficiales de USPS o UPS, ingresando tu número de seguimiento en lugar de hacer clic en enlaces de correos electrónicos que no parecen confiables

3. Etiqueta y dirección:

Escribe claramente la dirección del destinatario y la tuya en la caja o imprime etiquetas desde el sitio web de USPS y UPS.

4. Peso y medidas:

Pesa y mide el paquete para asegurarte de cumplir con los requisitos del servicio seleccionado. Por ejemplo, Priority Mail tiene un límite de peso de 70 libras y ciertas dimensiones máximas.

5. Pago y envío:

Puedes comprar e imprimir la etiqueta de envío en línea desde el sitio web de USPS y UPS. Paga por adelantado y deja el paquete en una oficina postal o programa una recogida.

IMPORTANTE TENER EN CUENTA

☐ Llenar todos los datos y verificar con el cliente que la dirección sea correcta antes de enviar el paquete.

☐ Las empresas pueden ofrecer cajas para el servicio que desees, pero no puedes usar cajas de un servicio en otro.

☐ Si decides programar una recogida, asegúrate de que escaneen el paquete en el momento que lo reciban, pues es una prueba para llevar un control de tus paquetes enviados.

☐ Declara el valor del contenido. Es importante asegurarlo en caso de pérdida o daño durante el envío.

☐ Guarda el recibo y la información de seguimiento hasta que el paquete haya sido entregado.

Capítulo IX

PROVEEDORES

Ya te comenté en otros capítulos sobre la importancia de elección de proveedores, pero encontrar proveedores confiables para una tienda en línea, especialmente en sectores competitivos como los productos de belleza, requiere una estrategia clara. Aquí te dejo algunos pasos clave que te ayudarán a encontrar verdaderos proveedores:

1. **Investiga en mercados mayoristas y plataformas B2B**
Las plataformas B2B (Business-to-Business) son sitios web o marketplaces donde las empresas pueden comprar y vender productos o servicios a otras empresas.

A diferencia de las plataformas B2C (Business-to-Consumer), que están orientadas a la venta directa al consumidor final, las plataformas B2B están diseñadas para facilitar transacciones comerciales entre empresas.

Características clave de las plataformas B2B:

1. Enfoque mayorista: Las empresas compran productos en grandes cantidades para revender o utilizar en sus propias operaciones.

2. Relaciones comerciales a largo plazo: Estas plataformas fomentan acuerdos comerciales recurrentes entre empresas, como distribuidores, fabricantes o proveedores de servicios.

3. Negociación de precios: A menudo permiten la negociación de precios, plazos de pago y condiciones de envío, ya que las transacciones suelen involucrar grandes volúmenes.

4. Sectores específicos: Muchas plataformas B2B se especializan en nichos o industrias concretas, como productos de belleza, maquinaria, textiles, etc.

Ejemplos de plataformas B2B populares:

Alibaba: Uno de los mayores marketplaces B2B a nivel mundial, donde las empresas pueden encontrar proveedores de prácticamente cualquier producto.

ThomasNet: Especializada en productos industriales y proveedores de manufactura.

Global Sources: Similar a Alibaba, con un enfoque en productos electrónicos, moda y belleza.

Estas plataformas permiten a las empresas acceder a una red global de proveedores, facilitando las transacciones y la búsqueda de productos a escala empresarial.

Utiliza plataformas confiables como **Alibaba**, **Global Sources** o **Made-in-China** para encontrar fabricantes o mayoristas en diversas categorías, incluyendo productos de belleza.

También puedes explorar **Amazon Business** o **eBay Wholesale** que ofrecen productos al por mayor.

2. Asiste a ferias comerciales

Las ferias internacionales (presenciales o virtuales) son unas excelentes oportunidades para conocer proveedores de calidad. Algunas ferias importantes en el sector de la belleza son Cosmopro o Beautyworld.

Estas ferias te permiten ver productos de primera mano y establecer relaciones directas con proveedores.

3. Verifica la legitimidad del proveedor

Antes de comprometerte, verifica la reputación del proveedor revisando:

Opiniones y reseñas de otros compradores.

Certificaciones de calidad o licencias, especialmente si vendes productos regulados como cosméticos.

La trayectoria del proveedor en la plataforma o mercado.

4. Prueba los productos

Solicita muestras antes de realizar pedidos grandes. Esto te permitirá verificar la calidad del producto y la fiabilidad del proveedor.

Evalúa también los tiempos de entrega y la consistencia de los productos recibidos.

5. Establece relaciones a largo plazo

Busca formar relaciones sólidas con tus proveedores, negociando condiciones de pago, descuentos por volumen y garantizando un suministro continuo.

6. Explora proveedores locales

Considera buscar proveedores locales para reducir costos de envío y tiempos de entrega. Algunas plataformas específicas de cada país ofrecen conexiones con fabricantes locales.

Este camino combina investigación en línea, asistencia a eventos, pruebas de productos y verificación de la legitimidad de los proveedores para asegurar que encuentres opciones confiables y de calidad para tu tienda en línea.

Certificaciones de calidad o licencias, especialmente si vendes productos regulados como cosméticos.

La trayectoria del proveedor en la plataforma o mercado. Encontrar un proveedor no es fácil, pero a lo largo de mi emprendimiento he aprendido algunos tips específicos que quiero seguir compartiendo contigo. Primero, ve a las zonas más comerciales de tu ciudad y encuentra en persona un buen proveedor. Esto te permite ver los productos directamente y verificar que la empresa es segura. Nada como conocer a tus proveedores cara a cara

Si prefieres buscar un proveedor por la web, siempre revisa los comentarios, historial de ventas y si la empresa está registrada en registros públicos del Estado. Así puedes asegurarte de que es un proveedor confiable.

No olvides comparar precios entre proveedores y siempre pide fotos de los productos o que te hagan video llamada. Esto te ayudará a tomar la mejor decisión para tu negocio.

SELECCIÓN DE PROVEEDORES CONFIABLES

Aquí van algunos consejos súper útiles para identificar a un proveedor confiable:

☐ Un buen proveedor siempre establecerá una comunicación clara y no te presionará. Tener una experiencia cómoda con tu proveedor es esencial para tu tranquilidad y éxito.

☐ Además, un proveedor confiable te ofrecerá garantía, lo que demuestra que está seguro de la calidad de sus productos. Esto es clave para que tus clientes siempre reciban lo mejor.

☐ Cuando tu tienda crezca y necesites más volumen de mercancía, no dudes en solicitar un descuento adicional. Un buen proveedor estará dispuesto a negociar para mantener una relación beneficiosa para ambos.

☐ Y lo mejor de todo, un proveedor de calidad te ofrecerá nuevas referencias cada temporada, permitiéndote variar tus productos y mantenerte siempre en tendencia.

Capítulo X

TIENDA VIRTUAL
CREACIÓN Y GESTIÓN DE UNA TIENDA ONLINE
EFECTIVA

Ahora que ya sabes cómo gestionar los envíos de tus pedidos, es momento de dar un paso crucial: tener una plataforma donde tus clientes puedan encontrar tus productos, explorarlos y realizar sus compras en cualquier momento del día, sin depender de horarios. Una tienda en línea ofrece esa autonomía tanto para ti como para ellos, permitiendo que tu negocio esté siempre disponible.

Cuando comencé mi negocio en Colombia, vendía exclusivamente a través de redes sociales. Sin embargo, al llegar a Estados Unidos, decidí utilizar Shopify para crear mi página web.

Su facilidad de uso y la variedad de plantillas prediseñadas me permitió construir una tienda en línea de manera sencilla y rápida.

Si tienes otra plataforma en mente o prefieres construir tu página web desde cero, esa también es una excelente opción.

Además, otro punto clave en mi negocio, como te expliqué a lo largo de este libro, ha sido la creación de una tienda en TikTok Shop, una plataforma que, al momento de escribir este libro, está disponible solo en Estados Unidos. Espero que pronto se expanda a otros países, porque ha sido una herramienta extraordinaria para hacer crecer mi negocio exponencialmente. Si tienes la oportunidad de usarla, te la recomiendo encarecidamente, ya que su impacto en el alcance y las ventas es inmenso.

PLATAFORMAS Y HERRAMIENTAS RECOMENDADAS

Shopify

Shopify es una plataforma de comercio electrónico que permite a emprendedores y empresas de cualquier tamaño crear, personalizar y gestionar una tienda en línea. Surgió en 2006, cuando Tobias Lütke, Daniel Weinand y Scott Lake quisieron lanzar una tienda en línea para vender equipos de snowboard, pero no estaban satisfechos con las plataformas disponibles en ese momento. Al ver la necesidad de una solución más sencilla y eficiente para los vendedores, decidieron crear su propio software, que eventualmente se convirtió en Shopify.

¿En qué consiste Shopify?

Plataforma de comercio electrónico: Shopify ofrece a los usuarios una manera fácil de crear su tienda en línea sin necesidad de conocimientos avanzados de programación. Proporciona herramientas y plantillas prediseñadas que permiten a los emprendedores personalizar sus tiendas para vender productos físicos o digitales

Gestión integral del negocio: Shopify no solo te ayuda a crear una tienda, sino que también facilita la gestión de inventario, el procesamiento de pagos, el control de pedidos y la integración con redes sociales y marketplaces como Facebook, Instagram, Amazon y TikTok.

Almacenamiento seguro y servicios de pago: Shopify proporciona alojamiento seguro para tu tienda y permite a los clientes pagar con diversas opciones, como tarjetas de crédito, PayPal y otros métodos locales. Además, cuenta con su propio sistema de pagos llamado Shopify Payments.

Escalabilidad: Shopify es útil tanto para pequeños negocios como para grandes empresas, ofreciendo planes adaptados a diferentes niveles de crecimiento.

Marketplace de aplicaciones: A través de su tienda de aplicaciones, puedes agregar funcionalidades adicionales a tu tienda, como herramientas para marketing, análisis avanzados, gestión de envíos y más.

En resumen, Shopify surgió de la necesidad de tener una plataforma más accesible para emprendedores y ha crecido hasta convertirse en una de las principales soluciones para crear y gestionar tiendas en línea a nivel mundial.

Con esta información que te he brindado sobre Shopify te dejo mis consejos según el camino que he transitado; espero que te sirva en tus comienzos.

Pasos para seguir para crear una cuenta

Primero, ve a Shopify y crea tu cuenta completando todos los datos que te solicitan el nombre de tu tienda y una contraseña.

Luego, personaliza tu perfil con detalles que reflejen tu estilo único y el espíritu de tu negocio emprendedor.

Una vez registrada, elige un plan que se ajuste a lo que necesitas. Empieza con el plan de prueba gratuito y configura el nombre, descripción y moneda de tu tienda en la sección "Configuración". ¡Este es el primer paso hacia tu sueño emprendedor!

Ahora viene la parte creativa y emocionante. Dirígete a "Tienda online" y elige un tema que te enamore.

Personalízalo a tu gusto con colores vibrantes, fuentes que te representen y detalles que hagan brillar tu marca.

Llegó el momento de agregar tus productos y hacer que cada uno cuente una historia. Ve a "Productos" y añade detalles como título, descripción, precio y fotos que capturen la esencia de lo que ofreces. Organízalos en categorías para que tus clientes encuentren fácilmente lo que están buscando.

No olvides configurar los métodos de pago en "Configuración" y seleccionar cómo quieres recibir tus ganancias. Es importante que te sientas segur(o/a) y confiad(o/a) en cada transacción.

Para que todo funcione como debe, define tus opciones de envío y zonas de entrega en "Envío". Esto es clave para que tus clientes reciban sus pedidos con la misma emoción con la que los pediste.

Antes del gran lanzamiento, verifica que todo esté perfecto. Haz una compra de prueba para asegurarte de que tus clientes tendrán una experiencia impecable desde el primer clic.

¡Y ahora, quita la protección con contraseña en «Preferencias» para hacer pública tu tienda y empezar a compartir tu pasión con el mundo! Usa estrategias de SEO, redes sociales y anuncios para que todos conozcan tu increíble tienda.

Recuerda, *Sweetie,* que si necesitas ayuda, el Centro de Ayuda de Shopify está ahí para ti, al igual que los tutoriales en YouTube. Empieza esta nueva aventura con confianza, valentía y libertad.

TIKTOK Y REDES SOCIALES
TIKTOK SHOP

Ya conoces del surgimiento de TikTok y lo que hoy representa a escala mundial con sus variantes de usos. Solo te guiaré directo hacia tu objetivo como emprendedor en esta plataforma.

Para empezar debes tener una cuenta de tu empresa en TikTok, ve a TikTok Shop y crea tu cuenta.

Completa el formulario con toda la información de tu negocio. ¡Es fácil y rápido! Luego, tendrás que proporcionar los documentos necesarios para la verificación de tu cuenta, como identificación fiscal y registro comercial. Una vez hecho esto, solo tienes que esperar la aprobación de tu cuenta. ¡Paciencia, que ya casi!

Una vez verificada tu cuenta, es momento de configurar tu tienda.

Completa tu perfil de vendedor con nombre, descripción, logo, ¡y dale tu toque personal! Luego, sube tus productos con descripciones detalladas, precios y fotos de alta calidad. Organiza todo en categorías para que sea fácil de encontrar. No olvides definir tus opciones de envío y configurar los métodos de pago, como tarjetas de crédito, débito y PayPal.

Ahora viene la parte divertida: la promoción y el marketing. Crea contenido súper atractivo y relevante. Usa hashtags populares y sigue las tendencias para aumentar la visibilidad. Además, colabora con otros influencers para promocionar tus productos y utiliza anuncios pagados en TikTok para llegar a más personas.

No olvides ofrecer descuentos y promociones para atraer más clientes. ¡Los códigos promocionales son un must!

Para gestionar y optimizar tu tienda, usa las herramientas de análisis de TikTok Shop para monitorear tus ventas y ajustar tu estrategia según los datos obtenidos. Proporciona un servicio al cliente excelente, respondiendo rápido a las consultas y problemas de tus clientes. Mantente al día con las tendencias y actualizaciones de TikTok y mejora continuamente tus productos y tu estrategia de marketing.

Y, finalmente, aquí van algunos consejitos extra:

Invierte en buenas fotos y videos de tus productos, interactúa con tus seguidores y clientes para construir una comunidad leal, y publica regularmente para mantener una presencia activa en la plataforma.

No te preocupes si todavía sientes que no es el momento de dar el paso a una tienda virtual, puedes iniciar vendiendo desde tus redes sociales o de muchas más maneras distintas, por ejemplo, ir a ferias de emprendimiento, vender directamente desde tus redes sociales o iniciar ofreciendo tus productos a tus amigos, familiares, compañeros de trabajo o compañeros de estudio, etc. Solo encuentra la manera en la que te sientas mejor y una vez ya halles una estabilidad en tus ventas anímate y da el siguiente paso.

ESTRATEGIAS EFECTIVAS PARA PROMOVER TU NEGOCIO EN TIKTOK

Crecer en TikTok es todo un desafío, ¡pero nunca imposible! Personalmente, he enfrentado varios retos en TikTok que me han enseñado valiosas lecciones sobre cómo mejorar y crecer en la plataforma. Las estrategias que compartiré contigo a continuación son las mismas que yo he aplicado para alcanzar mis metas en TikTok. ¡Te aseguro que te serán de gran ayuda para brillar en esta increíble comunidad!

Sube videos todos los días, ¡videos de calidad y contenido que realmente capten la atención! Te recomiendo empezar de 1 a 3 videos diarios. Esto no solo te ayudará a aumentar tus seguidores, sino que también atraerá a potenciales clientes que quedarán encantados con lo que ofreces.

Cuando tengas suficientes seguidores, podrás hacer tu primer *live*. ¡El requisito es tener 1000 seguidores, pero tú lo lograrás rápidamente! Hay muchas formas de hacer tus *lives*, pero déjame decirte que mostrar solo los productos y vender no es mi estilo. Prefiero conectar verdaderamente con mis clientes y comunidad. En mis *lives*, me encanta mostrarte cómo trabajo y lo divertido que es empacar las compras mientras hablo contigo en vivo. Esto nos permite resolver preguntas y dudas al instante, ¡una conexión real que fortalece nuestra comunidad!

Asegúrate de contar con una conexión a internet de calidad, buena iluminación y mantener el lente de tu cámara siempre limpia. Esto garantizará una experiencia óptima al realizar tus *lives*, ¡y tus seguidores lo valorarán!

Además, es crucial contar con un equipo de moderadores. Ellos te ayudarán a mejorar la experiencia durante tus trasmisiones en vivo. Recuerda elegir personas en las que confíes, ya que este trabajo es clave para influir positivamente en el crecimiento de tu comunidad y la fidelización de clientes. ¡Juntos lograremos un impacto increíble!

Mantén un horario fijo y constante para tus *lives*, con el fin de que tus seguidores sepan cuándo estarán disponibles para disfrutar de tus trasmisiones en vivo y así aumentar la cantidad de personas que participan en cada *live*. Este elemento es clave para construir una comunidad sólida y comprometida.

Recuerda siempre cuidar lo que compartes. Al usar TikTok Shop hay palabras que debes evitar para evitar penalizaciones. Además, temas sensibles, malas palabras o mencionar marcas réplica está prohibido. Estas son algunas de las reglas más importantes que debes tener en cuenta, pero te sugiero revisar detalladamente el reglamento de TikTok y TikTok Shop para asegurarte de cumplir con todas las normativas. ¡Con responsabilidad y creatividad lograrás brillar sin límites en esta plataforma increíble!

USO DE OTRAS REDES SOCIALES PARA AUMENTAR LA VISIBILIDAD

Yo utilizo Instagram, Facebook y YouTube como mi segundo recurso para compartir contenido y mantenerme en contacto con mis clientes y comunidad. Ahí subo videos e imágenes para actualizar a mis seguidores. Además, estas plataformas me ayudan a aumentar mi visibilidad y llegar a más potenciales clientes.

Siempre asegúrate de incluir el enlace de tu tienda virtual (si la tienes) para que las personas puedan acceder rápidamente a tus productos. Esto facilita el proceso de compra y fortalece tu presencia en línea.

Capítulo XI

FRAUDES

Quiero compartir con ustedes algunos consejos súper importantes para mantener su tienda online segura. Cuando se trata de pagos con tarjeta de crédito, siempre hay que tener cuidado porque existe el riesgo de que sean tarjetas robadas.

Primero, presta atención a las alertas que Shopify te muestra sobre el riesgo de fraude en cada orden. Ellos te indicarán si una orden es potencialmente fraudulenta y por qué.

Yo, personalmente, también uso otra aplicación para identificar fraudes y estar más tranquila.

Tienes dos opciones para asegurarte de que la orden no sea un fraude. Una es contactar directamente al cliente y preguntarle si está haciendo la orden, verificando su nombre y dirección. Luego, compara esa información con la de la tarjeta que te ofrece Shopify. A veces te encontrarás con órdenes sospechosas que tienen hasta 18 intentos de pago. En estos casos, yo, claramente, lo tomo por fraude y decido cancelar la orden.

Les comparto una experiencia que me ocurrió cuando apenas comenzaba a vender por Shopify, para que puedan aprender de mi error y estar más atentos.

Recibí una orden que parecía sospechosa: la tarjeta tenía varios intentos de pago, la dirección de envío era diferente a la dirección de facturación y el correo electrónico era bastante raro. Resultó ser un total fraude, pero en ese momento no sabía que debía estar más atenta a estas señales.

Cuando me llegó el contracargo, hice mi reclamación, pero no la aceptaron y tuve una pérdida económica. Fue una experiencia difícil, pero me sirvió para aprender a siempre verificar estos detalles antes de procesar una orden.

Así que, *Sweeties*, estén siempre alertas y revisen cada orden con cuidado. ¡Aprendemos de nuestros errores y seguimos adelante más fuertes y seguros!

IDENTIFICACIÓN Y PREVENCIÓN DE FRAUDES ONLINE

Tips esenciales para mantener tu tienda online súper segura y evitar fraudes

1. Para pedidos de alto valor, considera pedir a tus clientes que proporcionen información adicional, como una identificación con foto o una verificación de dirección. Es una manera genial de asegurarte de que todo esté en orden.

2. Es muy importante tener una política de devoluciones y reembolsos clara y visible en tu tienda. Esto puede disuadir a los estafadores que buscan aprovecharse de políticas flexibles. Así mantendrás a raya a los malos.

3. No olvides dedicar tiempo a revisar las transacciones y la actividad en tu sitio web regularmente. Aunque estés

empezando, es vital para proteger tu negocio y detectar cualquier comportamiento inusual. La vigilancia es clave.

4. Revisa tus políticas de envío. Ofrece métodos de envío con seguimiento y asegurados para protegerte contra reclamos fraudulentos de paquetes perdidos. Esto te dará más tranquilidad y seguridad.

MEDIDAS DE SEGURIDAD PARA PROTEGER TU NEGOCIO

1. Es ideal que no mezcles tu imagen pública con tu vida personal. Evita compartir con tus seguidores o clientes la dirección de tu casa o detalles personales. Mantén esos aspectos separados para tu tranquilidad.

2. Si tu tienda es virtual y no tienes un local físico, no invites a personas desconocidas a tu casa para ver los productos. También, evita reunirte con clientes en lugares no acordados o solitarios. Es fundamental priorizar tu seguridad en todo momento.

3. Si vas a recibir pagos por zelle verifica que el pago haya llegado a tu cuenta antes de enviar el paquete.

4. Cuida tu privacidad y mantén siempre un ambiente seguro para ti y tu negocio.

Capítulo XII

SERVICIO AL CLIENTE

IMPORTANCIA DEL SERVICIO AL CLIENTE EN EL ÉXITO EMPRESARIAL

Queridos emprendedores, es crucial contar con un excelente servicio al cliente que respalde tus plataformas digitales de venta. No olvidemos que, aunque el mundo digital facilita múltiples cuestiones, muchas personas aún buscan ese contacto humano que las haga sentir más acompañadas y orientadas durante su experiencia de compra. No se trata solo de vender un producto, sino de ofrecer una experiencia única y personalizada a cada cliente.

Un servicio al cliente excepcional no solo hará que tus compradores se sientan valorados, sino que también te permitirá destacar en un mercado saturado. Esta atención dedicada y personalizada te ayudará a construir una comunidad leal y satisfecha. Al final del día, es esa dedicación lo que te diferenciará de otros emprendimientos.

Cuando brindas un servicio al cliente de calidad, tu negocio se vuelve más atractivo y se promueve por sí mismo. ¿La mejor publicidad? El famoso "boca a boca". Los clientes felices, no solo volverán, sino que también compartirán sus buenas experiencias con amigos y familiares, expandiendo así tu reputación de manera orgánica y efectiva.

Además, un buen servicio al cliente es esencial para mantener la satisfacción a largo plazo. Permitir a tus clientes expresar sus dudas o sugerencias de manera directa crea un espacio de confianza y mejora constante.

ESTRATEGIAS PARA OFRECER UN SERVICIO EXCEPCIONAL

Para ofrecer un servicio al cliente verdaderamente original es fundamental responder de manera rápida y eficiente a los mensajes de tus clientes, mostrando siempre interés genuino en resolver sus dudas. Esta agilidad no solo mejora la experiencia del cliente, sino que también facilita el proceso de venta.

Recuerda siempre ser amable y crear un ambiente de confianza. Con una actitud positiva y cercana, lograrás conexiones genuinas que perduren en el tiempo. La calidez y la naturalidad son claves en cada interacción.

Es importante también evitar errores de ortografía o el uso de lenguaje inapropiado que pueda generar incomodidad. La claridad, la cortesía y el respeto deben ser los pilares en cada conversación.

Muestra seguridad en tus respuestas, demostrando que conoces bien tu negocio y los productos que ofreces. Esto refuerza la confianza del cliente y potencia tu credibilidad. Sin embargo, evita ejercer demasiada presión para cerrar una venta. El arte de la persuasión radica en saber cuándo detenerte para no incomodar al cliente y evitar resultados contraproducentes.

Por último, nunca olvides recompensar a tus clientes más fieles. Promociones o descuentos especiales son una excelente manera de agradecer su lealtad y mantener su satisfacción. Este pequeño gesto fortalece el vínculo con ellos y asegura que sigan eligiendo tu tienda.

Desde que empecé mi emprendimiento, he mejorado mis técnicas de servicio al cliente a lo largo del tiempo, manteniendo siempre mi esencia, mi personalidad y lo que quiero trasmitir. Siempre he creído que cuando llegas a un lugar nuevo es muy agradable que te traten con familiaridad. Por eso, sin perder la formalidad de mi negocio, trato a todas las personas de manera amigable y agradable. Quiero que cada interacción sea una experiencia positiva tanto para mis clientes como para mí.

Todo lo que te he contado es desde mi experiencia personal y lo que he aprendido para mejorar la experiencia de mis clientes. También creo que es importante que tú disfrutes y pases un buen momento cuando te comunicas con ellos, que son los destinatarios de tus productos y lo que a su vez te ayudarán a seguir triunfando en este maravilloso mundo de las ventas.

Epílogo

El viaje continúa

Cuando comencé este viaje, nunca imaginé todo lo que podría lograr. Llegué a este país con incertidumbres, con más preguntas que respuestas y con el miedo de no saber si podría construir algo desde cero. Sin embargo, poco a poco, fui descubriendo que el camino hacia el éxito está lleno de oportunidades que solo esperan ser aprovechadas. Confié en mi intuición, en mi capacidad de aprender rápido y en la fuerza que llevo dentro para superar los obstáculos.

Este libro no es solo una guía para crear tiendas en línea, ni una serie de consejos sobre cómo aprovechar TikTok o las redes sociales. Es mucho más que eso. Es una prueba viviente de que cuando crees en ti mismo, cuando trabajas duro y mantienes la vista en tus metas, puedes transformar tus sueños en realidad, tal como lo hice yo. Pasé del desconocimiento absoluto a encontrar una plataforma de éxito, un espacio en el que pude crecer, no solo como emprendedora, sino también como persona.

Cada paso, desde aprender a usar Shopify hasta entender las dinámicas del marketing digital, me permitió dar forma a mi negocio y cambiar mi vida.

Pero lo más valioso ha sido poder ayudar a mi familia y ser una fuente de inspiración para otros. Eso, más que cualquier cifra o venta, es lo que verdaderamente llena mi corazón.

Si tú que estás leyendo estas líneas, te encuentras en ese punto de partida, quiero decirte algo: sí, es posible. No importa cuán incierto parezca el camino o cuántos miedos te asalten, porque al final, solo depende de ti cruzar esa barrera y entrar en un mundo de oportunidades. No será fácil, pero te aseguro que cada esfuerzo vale la pena.

Después de compartir mi historia y mis consejos, ahora es tu momento de brillar. No le tengas miedo al crecimiento. Emprender es como una montaña rusa llena de altibajos donde cada día será un avance para ti.

Todos los días son diferentes y algunos pueden ser mejores que otros, pero está en ti enfrentarlos todos de la mejor manera posible. Me tomó 3 años conseguir la estabilidad que deseaba. Reconoce las oportunidades que se te presentan, ya que determinarán la estabilidad de tu negocio.

La clave está en comenzar y descubrir tu verdadero potencial. La información que necesitas está justo ahí, al alcance de tus manos. Investiga y lee sobre aquello que realmente te apasiona.

Cada día es una nueva oportunidad para aprender y crecer. Estás a punto de alcanzar tus metas, así que confía en ti mismo porque tienes todo lo necesario para lograrlo. Escucha las opiniones de los demás, pero recuerda que solo tú conoces tu camino. Toma lo positivo de cada consejo y deja atrás lo negativo.

Este no es el final de la historia, sino solo el principio. Mi viaje sigue, y con él, nuevos retos, libros y metas por cumplir. Ya estoy pensando en el próximo paso, en nuevas formas de innovar y crecer. ¿Y tú? Este libro es solo el comienzo de lo que podemos lograr juntos. Así que no te detengas. Sigue adelante, persigue tus sueños con pasión, y no olvides que, aunque el camino sea largo, la recompensa está en cada paso que des.

Nos veremos en el próximo capítulo. ¡El futuro de tu éxito está a punto de empezar!

Con cariño y gratitud,
Valentina

Glosario de términos

Contracargo: En una venta virtual se refiere a una disputa iniciada por el comprador a través de su banco o emisor de tarjeta de crédito para revertir un cargo que considera indebido o fraudulento. Esto puede ocurrir si el comprador no reconoce la compra, no está satisfecho con el producto o servicio, o si hubo un error en la transacción.

Cuando un contracargo es procesado, los fondos pagados al vendedor son retenidos o devueltos al comprador mientras se investiga el caso. Si el emisor de la tarjeta falla a favor del comprador, el vendedor pierde tanto el monto de la venta como los productos o servicios entregados, además de posibles cargos adicionales.

El proceso de contracargo está diseñado para proteger a los consumidores de fraudes o transacciones no autorizadas, pero también puede ser abusado por compradores deshonestos. Por esta razón, es importante para los vendedores virtuales contar con políticas claras y mecanismos de seguridad para evitar disputas.

Haul: Es un término popular en redes sociales, especialmente en plataformas como YouTube, TikTok e Instagram, que se refiere a un video o publicación donde una persona muestra y describe una cantidad de productos recién adquiridos, generalmente relacionados con ropa, maquillaje, tecnología u otros artículos de interés. Estos videos suelen incluir opiniones, reseñas y detalles sobre las compras, y a menudo son utilizados por influencers para promocionar marcas o productos.

Home Business: Home business o negocio en casa se refiere a cualquier tipo de empresa o emprendimiento que se opera principalmente desde el hogar del propietario, en lugar de una oficina o local comercial. Estos negocios pueden abarcar una amplia variedad de actividades, desde ventas en línea y consultorías hasta servicios profesionales o productos artesanales. El modelo de negocio desde casa permite reducir costos y ofrecer flexibilidad en horarios, siendo una opción atractiva para emprendedores, freelancers o pequeños empresarios

Hashtags: Son palabras o frases precedidas por el símbolo *#* que se utilizan en redes sociales para categorizar y agrupar contenido relacionado con un tema específico. Cuando alguien usa un hashtag en una publicación, esa publicación se enlaza a otras publicaciones que contienen el mismo hashtag, lo que facilita la búsqueda de contenido similar. Los hashtags son populares en plataformas como Twitter, Instagram, TikTok y Facebook, y ayudan a aumentar la visibilidad, el alcance y la interacción de las publicaciones al hacerlas más fáciles de encontrar por personas interesadas en esos temas.

Engagement: Se refiere al nivel de interacción y compromiso que los usuarios tienen con un contenido, marca o plataforma en las redes sociales. En otras palabras, mide cómo las personas responden, interactúan y se involucran con las publicaciones, ya sea a través de *likes*, comentarios, compartidos, visualizaciones, menciones o cualquier otra forma de participación.

El engagement es un indicador clave para evaluar el éxito y la efectividad de una estrategia en redes sociales, pues no solo importa cuántas personas ven una publicación, sino también cuántas interactúan con ella. Un alto nivel de engagement refleja que el contenido es relevante, interesante o atractivo para la audiencia.

Labels: Se refiere a diferentes conceptos según el ámbito:
1. Etiquetas (marketing y productos): Se refiere a las etiquetas físicas o digitales que se colocan en productos para proporcionar información sobre ellos, como el nombre, ingredientes, precio, instrucciones de uso o detalles de la marca.
2. Discográficas (música): Label también puede referirse a una casa discográfica o sello musical, que es la empresa que se encarga de producir, promocionar y distribuir la música de los artistas que tienen bajo contrato.
3. Etiquetas de clasificación (tecnología y datos): En contextos digitales, labels se utilizan para clasificar o agrupar datos, correos electrónicos (como en Gmail), publicaciones, etc., facilitando la organización y búsqueda.

Sweetie: Es un término en inglés que se usa como expresión cariñosa o afectuosa para referirse a alguien querido, como un ser amado, amigo cercano, pareja o, incluso, un niño. Es similar a decir "cariño" o "amor" en español.

Lives: Los *lives* son trasmisiones en vivo que se realizan en plataformas como TikTok, Instagram o YouTube. Durante un *live*, los creadores de contenido pueden interactuar directamente con su audiencia en tiempo real. Los espectadores pueden hacer comentarios, preguntas o enviar reacciones, mientras que el anfitrión responde y comparte contenido de manera instantánea. Es una herramienta popular para vender productos, hacer demostraciones o, simplemente, conectar de manera más cercana con la comunidad.

Marketing: El marketing es el conjunto de estrategias y acciones que una empresa o individuo utiliza para promocionar y vender productos o servicios, con el objetivo de satisfacer las necesidades del consumidor y generar valor. Implica actividades como el estudio del mercado, la segmentación de audiencias, la creación de campañas publicitarias, el desarrollo de productos, la fijación de precios, la distribución y la comunicación con los clientes.

El marketing busca atraer, retener y fidelizar a los clientes, utilizando diferentes canales y medios, tanto tradicionales (publicidad en televisión, radio, prensa) como digitales (redes sociales, SEO, marketing por correo electrónico).

Must: En inglés, "must" se refiere a algo que es imprescindible o necesario. En marketing, un "must" es algo que se considera obligatorio o esencial, ya sea una recomendación, un producto o una acción que no debe pasarse por alto.

Tips: Son consejos o recomendaciones útiles sobre cómo hacer algo mejor o más eficientemente. En marketing y redes sociales, los "tips" suelen ser pequeñas sugerencias que ayudan a mejorar estrategias, resolver problemas o aprovechar oportunidades.

Viralidad: Se refiere al fenómeno en el que un contenido (video, imagen, publicación, etc.) se comparte masivamente y se difunde rápidamente a través de internet y redes sociales. Algo que se vuelve viral alcanza un gran número de personas en poco tiempo, generalmente debido a su impacto, atractivo o relevancia. La viralidad es deseada en marketing digital porque genera visibilidad y alcance de manera exponencial.

WooComerce: Es un plugin de código abierto para WordPress que permite a los usuarios convertir sus sitios web en tiendas en línea. Ofrece una amplia gama de funciones y herramientas para gestionar productos, realizar transacciones, controlar inventarios y manejar envíos. Su flexibilidad y personalización lo hacen popular entre emprendedores y pequeñas empresas que buscan vender productos o servicios en línea de manera sencilla. Además, WooCommerce cuenta con una comunidad activa y una variedad de extensiones para ampliar sus capacidades.

Made in the USA
Columbia, SC
14 November 2024

46075112R00062